평생공부 가이드

부공생평이가드

브리태니커 편집장이 완성한
교양인의 평생학습 지도

모티머 애들러 지음   이재만 옮김

유유

인문학을

전문화라는 야만을 다스릴 치료제로 이해함으로써

아스펜 인문연구소의 설립을 격려한

호세 오르테가 이 가세트에게

독자들에게

　앞으로 다룰 내용을 독자들에게 있는 그대로 말하는 것이 이 책의 서두를 여는 가장 좋은 방법일 것이다.

　이 책이 어떻게 짜였는지 가장 효과적으로 알고 싶으면 제13 장의 첫머리에 놓인 다음 문단을 읽으면 된다.

　여기까지 읽을 만큼 인내심과 끈기가 있는 일부 독자는 약간 당 황했을 것이다. 그들은 이제껏 읽은 것이 결국 어떤 내용인지, 그 리고 앞으로 어떤 내용이 서술될지 의아해할 공산이 크다.

　독자들의 그러한 심경은 내가 이 책을 쓰면서 염두에 두었던 목 표를 성취하는 데 이바지할 것이다.

　앞에서 나는 고대와 중세, 근대의 학식學識을 개관했다. 나는 독자들이 전통적인 학식의 지도에 익숙해질 필요가 있다고 판단했다. 그래야 현대 세계의 학식에 분류와 길잡이가 필요한 이유를 이해할 수 있기 때문이다. **이 주제에 관한 기존의 문헌에서는 그러한 길잡이를 발견할 수 없다.**

이 책은 학식이라는 영역의 지도를 그리는 데 필요한 철학적 통찰과 분별을 얻는 데 도움이 된다. 감히 말하건대 독자들은 이러한 면에서 이 책에 비견할 만한 책을 찾지 못할 것이다. 고대부터 오늘날에 이르는 문헌을 개관한 까닭은 어두운 구석에 빛을 비추려는 나의 노력이 과연 성공했는지를 독자 스스로 판단할 수 있도록 하기 위해서다. 이 책의 결론에서 권고한 내용이 원숙한 나이에 혼자 힘으로 공부하려는 이들에게 유익한 길잡이가 되기를 바란다.

앞으로 나올 내용을 짐작하려면 차례를 꼼꼼히 살펴보고, 아리스토텔레스의 다음 말을 곱씹어 보기를 바란다.

우리는 이전 사람들의 견해 가운데 옳은 것을 수용하고 옳지 않은 것을 경계하기 위해 그들이 설명한 이론을 비교할 필요가 있다.

나는 아리스토텔레스가 권고한 일을 했다고 생각한다. 독자들이 이 책의 뒷부분에서 자신들이 찾는 깨달음을 얻기 바란다.

아스펜 인문연구소에서
모티머 애들러

가이드는 누구를 위해 필요하며,
그 이유는 무엇인가

　나는 아직 중고등학교와 대학교에 다니는 청년은 알지 못하거나 이해하기 어려워하는 것을 점차 이해하게 된 이들을 위해 이 책을 썼다. 청년을 가르치는 교사들도 십중팔구 문제점을 알아차리지 못하는데, 이 문제점이란 어떤 청년도 중고등학교와 대학교에서 교육을 끝마칠 수 없다는 사실이다. 젊음 자체가 진정한 교양인이 되는 것을 가로막는, 뛰어넘을 수 없는 장애물이기 때문이다.

　교육은 기관에서 시작될 수는 있어도 거기서 완료될 수는 없다. 진정으로 성숙한 사람이나 성인만이 교양을 두루 함양한 인간을 낳는 교육을 성취할 수 있다. 그러한 교양인은 인간 지식의 전 영역에서 편안함을 느끼고, 그 영역에 익숙하고, 근본적인 관념과 쟁점, 가치를 이해할 뿐 아니라 모두가 바라마지 않는 약간의 지혜까지 갖추고 있다.

　대학의 과목 개설과 학생들의 과목 선택에 관한 최근의 한

보고서에서는 전공과목을 점점 더 많이 제공하는 선택과목 제도와 시장에서의 즉각적인 보상을 약속하는 전공 과정을 선택하는 학생들의 흐름으로 인해 정신을 두루 함양하는 데 꼭 필요한 공부를 소홀하게 여기는 결과가 벌어졌다며 불만의 목소리를 높이고 있다. 이 보고서의 작성자는 정신을 함양하는 데는 "일부 과목을 배우는 것이 다른 과목을 배우는 것보다 중요하다."라고 역설했다.

전문적이기보다는 종합적이고, 직업보다는 교양을 중시하며, 기술적이기보다는 인문적인 학교 교육을 통해 청년들이 학창 시절을 마치고 성년기에 접어든 뒤에도 공부할 수 있도록 준비시켜야 한다. 그렇지 않고는 성년기에 계속 공부를 한다는 열망과 목표를 충족하고 달성할 수 없다. 이것이 학교 교육의 유일한 목표는 아니지만 가장 중요한 목표라는 점은 분명하다.

모든 사람에게는 노년에 진정한 교양인이 되기를 열망할 자연권이 있으므로, 누구나 이 목표에 이바지하는 학교 교육을 받을 수 있어야 한다. 바로 이러한 이유로 나와 함께 우리의 기본 교육과정을 근본적으로 개혁할 것을 권고하는 일에 동참한 22명이 종합과 교양, 인문학을 중시하는 교육을 학교 교육의 기본 단계에서 시작하고, 이러한 교육을 고도로 전문화된 대학을 통해 어느 정도 보완하자고 제안한 것이다(『파이데이아 제안』The Paideia Proposal(1982) 참조). 개인마다 편차야 있겠지만 **모든 사람**이 자신의 교육을 완성하기 위해 성년기에 공부를 계속하는 데 필요한 소양을 학창 시절에 적절히 갖출 수 있는 방법은 이것뿐이다.

현재까지 우리의 기본 학교 교육은 『파이데이아 제안』에서 권고한 교육과는 거리가 멀기 때문에, 누구에게나 이 책이 제공하는 도움이 필요하다. 진정한 교양인이 되고자 한다면 성년기에 공부의 바다를 향해 출항해야 한다.

그러한 항해를 지도 없이 시작하는 것은 출발 지점과 도착 지점, 해류와 암초, 깊은 곳과 얕은 곳, 거리와 방향도 모르면서 출항하겠다는 꼴이다.

내가 이 책을 '안내서'guide라고 부르는 까닭은 종국에는 매력적인 목표이자 노력의 완성인 이해와 지혜에 도달하기를 바라며 모든 사람이 여정을 시작할 때 필요한 지도를 이 책이 제공하기 때문이다.

고대와 수 세기에 걸친 위대한 중세 그리고 19세기 말까지의 근대에는 과감하게 탐구와 발견이라는 항해에 나서려는 이들을 위해 학식의 바다를 그려 놓은 지도가 있었다.

우리 시대에 지식은 폭발적으로 증가하고 있다. 지금은 이른 바 정보사회다. 우리는 호세 오르테가 이 가세트가 "전문화라 는 야만"이라 부른 것, 즉 아마추어의 정신으로 학식의 세계에 다가서는 종합적 접근법을 단호하게 거부하는 야만 때문에 고통받고 있다. 또한 오늘날에는 전문화된 분야의 지식을 그저 알파벳순으로 배열하는 것이 지식을 조직하기 위해 종합적 체계를 내놓으려는 그 어떤 시도보다 적합하다고 여겨진다.

20세기 이전에 쓰였던 종합적 체계들의 장점과 단점이 무엇이었든 간에, 그것들은 분명 당대의 상황에 들어맞았다. 그 체계들은 그것들이 가지고 태어난 목표에 이바지했지만, 오늘날에는 더 이상 들어맞지 않는다. 우리에게 그 체계들은 지식 지도 제작법을 전시하는 박물관에 있는 유물이나 골동품처럼 보인다.

우리는 그 체계들을 손질하고 잘 고쳐서 쓸모 있게 만들어야 한다. 그렇게 하지 않고는 지도를 마련할 수 없다. 우리 앞에 놓인 방대한 학식의 영역을 포괄하는 지도를 우리는 가지고 있지 않다. 탐구하고 조직할 지식이 훨씬 적었던 과거에도 있었던 체계가 지식이 폭발한 지금과 같은 정보사회에 없다는 현실은 아무리 좋게 말한다 해도 기이하다.

지식 영역을 포괄하는 개요 혹은 예술과 과학 분야를 비롯해 다른 분과까지 보여 주는 지도를 오늘날에는 어디서 찾아야 할까? 학교와 학과의 안내서나 명문 대학의 교육과정에서 찾을 수 없다는 것은 분명하다. 도서관의 서가에 있고, 때로는 우리 가정에 있는 백과사전에서도 십중팔구 찾을 수 없다.

우리가 처한 곤경을 보여 주는 두 가지 주요한 실례로 대학의 안내서와 백과사전을 언급한 이유를 설명하겠다. 이 둘은 두 가지 점에서 서로 닮았다. 둘 다 알파벳순으로 짜여 있고, 나름의 방식으로 지식이나 학식의 전 영역을 포괄하려 한다.

'대학'university이라는 낱말은 '우주'universe(삼라만상을 발견할 수 있는, 모든 것을 포괄하는 전체)라는 단어를 떠올리게 한다. '백과사전'enclyclopedia이라는 낱말에는 교양인이라면 누구나 갖추어야 하는 종합적 학식paideia의 거대한 범위encyclo를 제공하겠다는 약속이 담겨 있다.

대학과 백과사전은 배우고 익혀야 하는 모든 것을 일정한 방식으로 일러 준다. 그러나 어떤 순서로, 어느 정도나, 어떤 목표를 위해 배워야 하고, 그러한 배움에는 어떤 가치가 있는가? 이물음과 관련해 대학과 백과사전은 알려 주는 바가 전혀 없다. 우리가 탐구와 발견이라는 항해, 청년기에 시작하면 성년기에도 줄곧 이어 가야 하는 항해에 오르기를 바랄 때, 공부를 시작하고 지속하고 완성하는 방법을 달리 구상하거나 계획할 기회를 제공할 수도 있는, 분야들을 연결하고 구분하는 방법에 관해 대학과 백과사전은 아무것도 알려 주지 않는다.

이러한 결함을 개선하기 위해 나는 다음과 같은 순서로 쓸 것이다.

제1부에서는 우리가 직면한 당혹스러운 혼란을 보여 주기 위해 주제를 알파벳순으로 배열하는 백과사전과 역시 과목을 알파벳순으로 배열하는 대학의 안내서를 살펴볼 것이다. 여기에 더해 대형 도서관의 서가에 놓인 책들을 조직하는 데 쓰이는 카드 목록*을 고찰할 것이다.

제2부에서는 우리가 과거로부터 물려받은 학식의 지도를 정리하고 설명하고 비판할 것이다. 독자들은 그러한 지도를 오늘날 우리의 쓰임에 맞게 수정하고 확장해야 하는 이유를 알 수 있을 것이다.

제3부에서는 내가 '알파벳주의'alphabetiasis라고 부르는 백과사전의 결함을 치유하기 위한 현대의 노력에 주목할 것이다.

마지막으로 제4부에서는 오늘날 우리에게 들어맞는 학식을 얻는 데 길잡이가 되는 긴요한 통찰과 분별을 내놓을 것이다.

---

*
도서관에서 소장 도서를 쉽게 검색해서 열람을 청구할 수 있도록 청구번호, 저자명, 서명, 출판사항 등을 기재해 놓은 카드―옮긴이

이러한 분별을 통해 우리가 맞닥뜨린 혼란을 한층 질서 잡힌 상황, 일평생 지혜를 추구하는 여정을 내놓을 수 있는 상황으로 바꿀 수 있다고 나는 생각한다. 이것이 내가 결론에서 짧게나마 시도한 일이다.

[차례]

우리가 직면한
혼란:
알파벳주의

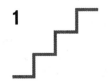

1 알파벳순 배열의
장점과 단점

모든 언어에 알파벳이 있는 것은 아니지만, 알파벳을 갖춘 인도유럽어를 사용하는 이들에게는 뚜렷한 혜택이 있다.

알파벳은 전화번호부의 이름, 사전의 낱말, 색인 항목, 도서관 색인 카드와 같은 대규모 항목 집합의 배열에 유용하다. 알파벳순 배열 덕분에 우리는 특정 항목의 머리글자를 알면 그 항목을 쉽게 찾을 수 있다.

이처럼 알파벳순 배열을 이용하면 원하는 항목을 한결 수월하게 찾을 수 있다. 방금 언급한 사례들의 경우, 다른 어떤 방법도 알파벳순 배열만큼 대규모 항목을 배열하지 못할 것이다. 다른 방법으로 배열한다면 사전의 낱말이나 색인의 항목은 뒤죽박죽되고 말 것이다.

그 이유는 항목을 분류하고 연관 짓고 배열하는 데 필요한, 적용 가능한 원리나 기준을 찾을 수 없기 때문이다. 그렇게 배열된 각각의 항목이나 일군의 항목 사이에는 납득할 만한 연관성이 없다.

알파벳순 배열 방법과 비슷한 다른 유형의 배열법이 하나 있다. 연대순 배열이다. 이 방법은 이를테면 저자의 생몰 연대 순서로 추천 도서를 열거할 때 유용하다. 이 방법을 사용하면 추천 도서를 배열하면서도 각 도서의 중요성에 대한 판단을 피할 수 있다.

알파벳순과 연대순으로 배열하면 가치판단을 내리지 않아도 된다. 특히 우리는 가치판단이 편향적이거나 순전히 개인적 선입견의 결과일 공산이 클 경우 이러한 배열에 고마움을 느끼곤 한다.

항목 집합을 알파벳순이나 연대순으로 배열해 얻을 수 있는 이점은 이것 말고도 또 있다. 항목에 대한 가치판단뿐 아니라, 항목 사이의 내적 연관성이 암시할 수도 있는 관계의 유의미한 패턴을 생각하는 부담도 덜 수 있다.

알파벳순 배열은 특히 우리가 참고 도서에서 찾는 항목에 적당하다. 그러나 이 배열을 백과사전의 항목이나 대학 안내서의 학과에도 적용할 때, 우리는 알파벳에만 의존하는 것이 지적 게으름은 아닌지 묻지 않을 수 없다.

이 물음에 사전 같은 백과사전이나 도서관 색인 카드의 목록 같은 대학 안내서는 결국 오로지 검색에만 쓰이는 참고 수단일 뿐이라고 즉각 반론할 수 있을 것이다. 그러나 잠시만 곰곰이 생각해 보아도 너무나 안이한 이 답변에 이의를 제기할 수 있다.

백과사전은 참고 도서에 머물지 않는다. 대학교가 공부하기 위한 기관인 것과 마찬가지로, 백과사전은 공부하기 위한 도구다. 우리는 공부하는 대상에 내재하는 연관성, 즉 대상의 관계가 만들어 내는 유의미한 패턴을 발견하는 계기가 될 연관성을 찾을 수 있어야 한다.

우리는 가치의 등급을 정하고 그에 따라 배우고 익히는 것의 중요성을 판단할 수도 있을 것이다. 아는 것보다 중요한 것은 없다고 둘러대면서 도전을 회피하는 대신, 우리는 더 중요한 지식과 덜 중요한 지식이 있다는 결정을 내려야 한다.

판단이 가능한데도 판단을 내리지 않는다면 지적 책임을 회피하는 꼴이다. 어떤 자료에 가치판단을 내린다고 해서 검색이나 참고를 위한 그 자료의 알파벳순 배열을 반드시 포기해야 하는 것은 아니다. 분명히 말하지만, 나는 백과사전을 알파벳순과 전혀 무관하게 배열해서 도저히 참고 도서로 이용할 수 없게끔 만들자고 주장하는 것이 아니다. 아울러 오늘날의 대학 안내서가 달라져야 한다고 주장할 생각도 없다.

나는 그저 알파벳순 배열보다 유의미하고 납득할 만한 배열법으로 오늘날의 백과사전과 대학 안내서를 보완할 필요가 있고, 마땅히 그렇게 해야 한다고 말하는 것이다. 알파벳순 배열이 완전한 무작위 배열보다 의미가 있는 것도 아니고 납득할 만하지도 않기 때문이다.

알파벳순 배열 이상의 좋은 배열법을 궁리해 낼 수 있는데 이를 거부하는 지적 결함을 가리키기 위해 나는 '알파벳주의'라는 낱말을 만들었다. 알파벳주의는 과거 어느 때보다 20세기에 널리 퍼진, 현대에만 있는 병폐다.

오늘날 대학들은 우리에게 공부의 바다에서 출항하라고 권하면서도 우리의 여정을 안내하거나 유의미한 방향을 가리킬 수 있는 지도는 제공하지 않는다. 극소수의 예외가 있긴 하지만 이러한 사정은 백과사전도 마찬가지다.

2 백과사전

백과사전의 역사에 관한 박식한 논문을 쓰는 학자들은 백과사전이라는 낱말을 넓은 의미로 사용하곤 한다. 내용을 A부터 Z까지 배열한 일군의 책에 백과사전이라는 낱말을 사용하는 현대 독자는 학자들의 이러한 용법에 어리둥절할 것이다. 학자들은 그리스어에서 기원한 이 낱말의 의미에 주목해, 완전한 학식체계나 총괄적 교육을 제공하는 모든 글 묶음을 백과사전이라고 부른다. 그러한 글 묶음은 시간 차원으로 보나 공간 차원으로 보나 백과사전이라는 이름에 걸맞게 포괄적이어야 한다.

아리스토텔레스가 기원전 4세기에 리케이온에서 했던 강의를 나중에 일군의 정연한 논저로 편집하고 편찬한 것도 백과사전으로 볼 수 있다. 아리스토텔레스의 논저는 물리 현상과 천체의 운동에서 시작해 식물과 동물, 생명의 모든 현상을 거쳐 생물의 영혼에서 끝나며, 신학적 논의의 마지막 부분이자 편찬자가 '형이상학'이라는 제목을 붙인 논저에서 절정에 이른다. 이러한 저작 다음으로 윤리학, 정치학, 수사학, 시학을 다루는, 이론적이기보다는 실천적이라 할 만한 다른 종류의 논저가 이어진다. 아리스토텔레스의 저술 전체의 서론을 이루는 것은 논리학과 학문 방법론에 관한 논저로서, 이 논저를 통칭하여 '오르가논'organon이라 부른다.

아리스토텔레스의 이러한 저작 배열은 지식을 조직하는 체계를 드러낸다. 제2부에서 다른 맥락으로 다시 살펴보겠지만, 이 체계는 고대부터 오늘날에 이르기까지 지식을 조직하기 위한 계획 가운데 가장 포괄적이고 명료하게 제시된 구상이다. 그러나 아리스토텔레스의 저작 전체는 근대적 의미의 백과사전도 아니고, 백과사전을 염두에 두고 쓴 것도 아니다.

이 점은 백과사전의 역사에 대한 학자들의 서술에서 거론되는 고대와 중세의 백과사전도 모두 마찬가지다. 서기 1세기에 대大플리니우스가 쓴 『박물지』Naturalis Historia는 당시 일반적으로 학문이라 여겨진 분야뿐 아니라 예술까지 다룬 37권의 책이다. 중세에 당대의 모든 지식을 집대성한 저작들, 예컨대 11세기 성 빅토르의 휴의 저작과 12세기 보베의 뱅상의 저작도 성격이 비슷하다.

아리스토텔레스의 전집과 마찬가지로 이들 저작도 당대의 모든 지식을 포괄한다는 점에서 **백과사전적**이지만, 17세기에 서양에서 처음 등장한 **백과사전**과 같은 부류는 아니다. 중국인이 자랑스럽게 되돌아보고 오늘날 백과사전이라 부르는 정교한 총서도 마찬가지다. 그 총서는 과거에 존재한 지식을 체계적으로 집대성한 것이기보다는 경전을 선별해 모은 것이다.

현존하는 지식을 개관하려는 목적으로 구성된 최초의 총서는 18세기 초입인 1704년에 등장했다. 저자 존 해리스는 그 총서를 '전문적 어휘집'Lexicon Technicum이라 하고, 부제는 '예술과 학문의 영어대사전'A Universal English Dictionary of the Arts and Sciences이라 불렀다. 부제에 쓰인 '사전'이란 단어를 본 독자는 저작 전체의 항목이 알파벳순으로 배열되어 있음을 짐작할 수 있을 것이다.

해리스의 저작에 이어 18세기에는 에프라임 체임버스의 두 권짜리 저작인『사이클로피디아: 예술과 학문 대사전』Cyclopedia, or an Universal Dictionary of the Arts and Sciences(1728), 디드로와 달랑베르가 동료들과 함께 편찬했으며 1751년부터 발행해 1778년에 28권으로 완간한 총서로 유명한 프랑스의『백과전서』Encyclopédie, 1768~1771년에 스코틀랜드에서 세 권으로 출간한『브리태니커 백과사전』Encyclopaedia Britanica이 등장했다.『브리태니커 백과사전』의 편집자들 또한 이 저작을 '예술과 학문의 사전'이라 불렀다. 이 모든 사례에 쓰인 '사전'이라는 낱말은 항목을 알파벳순으로 배열한 포괄적인 저작을 가리킨다.

19세기에는 어휘집이나 사전처럼 구성된 엇비슷한 편찬물이 급증했다. 우선 독일에서 브로크하우스Brockhaus가 백과사전을 내놓으면서(1808) 덴마크어와 스웨덴어, 네덜란드어, 러시아어, 프랑스어, 이탈리아어 백과사전의 출간이 고무됐으며, 1829~1833년에는 미국 필라델피아에서 13권짜리『아메리카나 백과사전』Encyclopedia Americana이 출간되어 그 뒤를 이었다. 이 편찬물들은 모두 폭넓고 다양한 주제에 대한 다수의 짧고 쉬운 항목으로 이루어졌으며, '백과사전'이라는 이름에 걸맞게 다루는 내용이 종합적이었다.

『브리태니커 백과사전』은 1768년에 세 권으로 선보인 초판부터 현재 발행 중인 32권짜리 제15판에 이르기까지 연이어 출간되었다는 점에서 다른 모든 백과사전과 구별된다. 또한 초판의 항목 배열 방식도 다른 백과사전과는 달랐다.

『브리태니커 백과사전』 초판에서 모든 항목은 A부터 Z까지 알파벳순으로 배열되면서도 두 부류로 나뉘었다.

하나는 극히 간략한 다수의 항목으로, "캘리포니아 해안에서 멀리 떨어진 작은 섬"이라고 기술된 '일본'에 대한 항목처럼 대개 두 줄을 넘지 않는 짧은 문단으로 이루어졌다.

다른 하나는 대단히 긴 소수의 항목으로, 당시 편집자들이 이론적으로나 실천적으로 독자들이 반드시 알아야 한다고 생각한 모든 예술과 학문의 주요 주제를 상세히 설명한 에세이나 논문이었다.

이 두 종류의 항목은 단일한 알파벳순 배열 안에 놓이면서도 서로 다르게 조판組版되었다. 짧은 항목은 어휘집의 항목처럼 그 정의가 조판되었고, 긴 항목은 여러 장으로 나뉘는 책처럼 여러 부분으로 나뉘어 조판되었다.

『브리태니커 백과사전』 초판에 실린 주요 논문과 에세이의 제목을 열거해 보자. 18세기에 학식의 세계가 어떻게 비쳤는지 알려 주는 흥미로운 제목들이다. 초판에서 다음과 같은 주요 항목을 알파벳순으로 배열한 것을 보면 지식의 배치에 의미 있는 원리가 전혀 없었음을 확실히 알 수 있다. 당대의 모든 지식을 알파벳순이 아닌 방법으로 백과사전처럼 포괄했던 아리스토텔레스와 달리, 알파벳순인 『브리태니커 백과사전』은 인간의 지식을 조직하는 체계적이고도 원리적인 방법을 전혀 내놓지 않는다.

Agriculture 농업

Algebra 대수代數

Alligation 혼합법

Anatomy 해부

Annuities 연금

Architecture 건축

Arithmetick 산술

Astronomy 천문학

Bleaching 표백

Book-keeping 부기簿記

Botany 식물학

Brewing 양조

Chemistry 화학

Commerce 상업

Conic Sections 원뿔곡선

Electricity 전기

Farriery 편자 제조 기술

Fluxions 유율流率

Fortification 축성술築城術

Gardening 조원술造園術

Geography 지리

Grammar 문법

Horsemanship; Or, The Art of riding and of Training and
Managing Horses 승마술, 즉 말을 타고 조련하고 부리는 기술

Hydrostatics 유체정력학流體靜力學

Law 법

Logic 논리

Mechanics 역학

Medicine 의학

Metaphysics 형이상학

Midwifery 조산술助産術

Moral Philosophy, or Morals 도덕철학 또는 도덕

Music 음악

Natural History 자연사

Navigation 항해

Optics 광학

Perspective 원근법

Pneumatics 기체역학

Religion, or Theology 종교 또는 신학

Short-Hand Writing 속기법

Surgery 외과술

Tanning 무두질

Trigonometry 삼각법

Watch and Clock Work 휴대용 시계와 거치용 시계

내가 아는 한, 19세기 초에 백과사전의 알파벳순 배열을 처음으로 비판한 사람은 새뮤얼 테일러 콜리지였다. 콜리지는 「방법에 관한 서론」Preliminary Treatise on Method에서 길든 짧든 항목을 그저 알파벳순으로 배열하는 것이 아니라 지식을 체계적으로 조직하는 백과사전의 구성 원리를 내놓았다. 콜리지는 바로 이러한 백과사전을 염두에 두고 『메트로폴리나타 백과사전』Encyclopedia Metropolitana을 출간하기 시작했으나 완성하지는 못했다.

콜리지가 자신이 구상한 백과사전과 달리 알파벳주의라는 결함이 있는 모든 백과사전에 대해 어떻게 생각했는지 들어보자.

머리글자에 따라 우연히 배열된 서로 관련 없는 거대한 잡동사니 지식 전체를 백과사전이라 부르는 것은 당신네 장로교 출판업자의 무분별한 무지다!

콜리지가 떠올린 장로교 출판업자는 틀림없이 『브리태니커 백과사전』 초판을 편집한 스코틀랜드인일 것이다. 콜리지가 말한 "무분별한 무지"를 너그럽게 해석해 본다면, 백과사전을 사전처럼 참고 도서로 유용하게 구성하려 했던 편집자 나름의 노력이라고 말할 수 있을 것이다. 백과사전의 항목을 알파벳순이 아닌 체계적인 방법으로 구성하면 이용자에게 지식의 구조, 즉 학식 세계의 지도는 제공할 수 있겠지만, 이용자가 관심 있는 항목을 손쉽게 찾게 해 주는 참고 도서로서의 기능은 잃게 된다.

『브리태니커 백과사전』의 역사에서 백과사전을 구성하는 이러한 두 가지 방법 사이의 갈등이 가시적으로 처음 제기된 때는 20세기 초, 정확히 1911년에 발행된 제11판에 이르러서였다. 제2판부터 위대한 제9판까지, 『브리태니커 백과사전』은 지식을 이루는 한 부분이 다른 부분과 어떻게 체계적으로 연관되는지 전혀 보여 주지 않는 결정적인 결함을 해결하고자 어떤 노력도 하지 않은 채 줄곧 알파벳순 배열을 고수했다.

　20세기에 선보인 제11판의 편집자 서문은 다음과 같다.

백과사전이 그저 사실을 저장하는 창고 이상이라는 것을 보통은 깨닫지 못하는 듯하다. 실제로 백과사전은 지식의 모든 부분에 대한 체계적인 개관이기도 하다.

그러나 뚜렷한 장점이 있는 알파벳순 배열법은 필연적으로 특정 주제를 다루는 항목들을 분리하게 된다. 그 결과 특정 주제를 철저히 공부하려는 학생은 그 주제를 다루는 항목들을 빠짐없이 찾기 위해 상상력을 발휘해야만 한다. 백과사전의 항목 이름과는 다른 색인어 자체가 정보를 얻는 데 도움을 줄 테지만 …… 그 주제와 관련된 모든 항목을 한눈에 볼 수 있다면 학생에게 대단히 유용할 것이다.

이 책의 나머지 부분은 우리가 생각하기에 일반적인 참고 도서의 내용을 주제에 따라 체계적으로 묶거나 분석하려는 최초의 시도다.

　다음은 내용 분류표의 24가지 표제어 혹은 주요 범주로서, 백과사전에서 다루는 더 구체적인 주제를 포함한다.

I. Anthropology and Ethnology 인류학과 종족학

II. Archaeology and Antiquities 고고학과 고대 유물

III. Art 예술

IV. Astronomy 천문학

V. Biology 생물학

VI. Chemistry 화학

VII. Economics and Social Science 경제학과 사회과학

VIII. Education 교육

IX. Engineering 공학

X. Geography 지리학

XI. Geology 지질학

XII. History 역사

XIII. Industries, Manufactures, and Occupations 산업, 제조업, 직업

XIV. Language and Writing 언어와 글쓰기

XV. Law and Political Science 법과 정치학

XVI. Literature 문학

XVII. Mathematics 수학

XVIII. Medical Science 의학

XIX. Military and Naval 육군과 해군

XX. Philosophy and Psychology 철학과 심리학

XXI. Physics 물리학

XXII. Religion and Theology 종교와 신학

XXIII. Sports and Pastimes 스포츠와 취미

XXIV. Miscellaneous 기타

당시로는 획기적이었던 이 내용 분류표는 알파벳순 배열의 결점을 극복하지 못했다. 이 분류는 지식을 체계적으로 조직하거나 주제별로 조직하는 방법이 아니었다. 이 24가지 표제어 혹은 범주를 살펴보면 지식을 잇는 실이 여전히 알파벳뿐이라는 사실이 금세 드러난다.

더욱이 '인류학'부터 '종교와 신학'까지('스포츠와 취미', '기타'는 빼고) 머리글자에 따라 알파벳순으로 배열한 주요 범주 혹은 일반 표제어는 역시 각각 알파벳순으로 배열된 더 구체적인 표제어로 나뉜다.

예를 들어 일반 표제어 '예술' 아래에는 건축, 음악, 회화, 판화, 조각, 연극, 춤 등이 있고, 이 사이사이에 비주류 예술이 있다. 이 밖에도 내용 분류표에서 특정 항목을 찾아보면 그 또한 알파벳순으로 열거되어 있다.

제11판의 편집자들이 서문에서 말한 내용은 의심할 나위 없이 타당하다. 백과사전은 "그저 사실을 저장하는 창고 이상", 즉 사전과 마찬가지로 항목을 알파벳순으로 배열해 이용자가 무언가를 찾도록 돕는 참고 도서 이상이어야 한다. 그러려면 백과사전은 알파벳이 아닌 방법으로 내용에 접근할 길을 이용자에게 내놓아야 한다. 지식을 체계적으로 혹은 주제별로 개관하는 방법, 다시 말해 학식의 전 영역에서 서로 연관된 모든 부분을 탐험하는 데 길잡이가 되는 지도를 어떻게든 내놓아야 하는 것이다.

두세 가지 주목할 만한 예외를 빼면, 20세기의 백과사전 가운데 이제껏 알파벳주의라는 결함(근대, 특히 오늘날에 만연한 병폐)을 바로잡은 사례는 없다. 나는 제2부에서 고대와 중세, 근대에 학식의 세계를 지도로 그리려 했던 시도, 즉 사전 dictionary 모델에 따라 구성된 백과사전과는 거리가 멀었던 시도를 검토한 뒤 제3부에서 그러한 예외적인 백과사전을 다룰 것이다.

그러나 우선은 백과사전에서 대학들의 안내서로 주의를 돌려 오늘날 널리 퍼져 있는 알파벳주의를 계속 검토해 보자.

3 대학

지금까지 보았듯이, 과거와 현재의 대다수 백과사전은 학식의 세계를 포괄하면서도 그 세계를 탐구할 길잡이는 제공하지 않는다. 대학의 안내서도 다르지 않아서, 대부분 A부터 Z까지 알파벳 순서로 배열한다. 이들 안내서는 모든 주제를 담고 있지만, 일련의 주제 가운데 한 주제를 다른 주제보다 중요하게 돋보이도록 하지는 않는다. 미국 유통회사 시어스로벅의 상품 안내서가 구매를 위한 안내서인 것처럼, 대학 안내서는 학식을 위한 안내서에 지나지 않는다.

과거에도 언제나 이러했을까, 아니면 이것이 대체로 20세기의 현상, 즉 주제를 평가하고 중요성이나 의의를 척도로 삼아 주제 사이의 등급을 정하려는 어떤 노력도 회피하는 현대의 증상일까?

12세기와 13세기에 파도바와 파리, 옥스퍼드와 케임브리지에서 대학이 출현했을 때, 학식의 주요 갈래는 대학을 이루는 네 가지 학부를 통해 명확히 드러났다. 그중 하나는 교양학부였다. 나머지 셋은 직업적 학부인 의학부, 법학부, 신학부였다.

서로 중요도가 다른 이 세 학부는 언급한 순서대로 실용적인 관심사, 즉 신체 관리, 인생과 사회의 운영, 영혼의 구원을 위한 것이었다. 이 세 학부에서 의학 박사, 법학 박사, 신학 박사가 된 이들은 박식한 사람일 뿐 아니라 학구적 전문직의 **종사자**이기도 하다는 사실에 주목하기 바란다.

이와 달리 교양학부는 전문 학식과 대비되는 종합적 학식, 특정한 실천이나 행동의 영역에 유익하게 적용하는 것보다는 그 자체가 목적인 학식을 연구했다. 이 학부는 교양 석사Master of Arts 칭호를 가진 교사들로 이루어졌다. 이 교사들의 지도를 받아 종합적 학식의 세계에 진입한 학생들은 교양 학사 학위를 수여받았다.

오늘날 '아트'art는 주로 미술fine arts을 뜻할 때 쓰이고 때로는 문학과 음악, 기타 미술과 구별되는 시각예술visual arts을 뜻할 때 쓰이므로, 중세 대학의 비직업적 갈래인 교양학부의 영역을 전달하지 못한다. 중세에 '아트'는 언어 기예와 수학 기예를 비롯한 **모든** 자유기예liberal arts(제6장 참조)를 포함했다. 또한 이 낱말에는 사변적·이론적 철학과 실천적·도덕적 철학을 비롯해 철학의 갈래에 속한다고 간주된 모든 학문이 포함되었다.

그러므로 교양학부는 철학부 또는 더 나아가 인문학부라고 부르는 편이 더 적절할지도 모른다. 그러나 우리는 다시 한 번 오늘날 이 낱말의 쓰임새에 주의해야 한다. 그리스어 '$\pi\alpha\iota\delta\epsilon\iota\alpha$'(파이데이아)를 번역한 라틴어 'humanitas'(후마니타스)는 전문적 학식과 상반되는 종합적 학식을 뜻하기 때문이다. 그렇게 이해한 교양학부는 우리가 다양한 자연과학과 사회과학을 거론한 다음에 남는 학문에 불과한 것이 아니라, 학식의 모든 갈래를 포함한다. 또한 우리는 고도로 전문화된 학식인 오늘날의 철학과 달리, 한때 철학이 모두의 관심사인 학식을 뜻했다는 사실을 기억해야 한다.

독일에서 대학이 기존에 있던 의학, 법학, 신학의 직업적 박사 학위에 더해 박사 학위를 도입한 때는 19세기였다. 이제 철학은 더 이상 전문 학식과 대비되는 종합적 학식을 의미하지 않게 되었다. 오히려 철학부의 영역에는 의학, 법학, 신학만큼이나 전문 학식의 갈래가 포함되었다. 차이점이라면 그 갈래가 지식을 실천이나 행위에 적용하는 일이 아니라 학식 자체의 발전에 몰두했다는 사실이다.

19세기에 독일의 대학에서 처음 도입할 당시만 해도 박사 학위는 뛰어난 연구 능력을 뜻했고, 주로 연구에 헌신하려는 학자들에게 주어졌다. 오늘날 미국 대학의 사례와는 달리, 뛰어난 강의 능력을 갖추었음을 보증하는 것이 아니었다.

박사 학위가 애초부터 폭넓거나 종합적이거나 인문학적 학식보다는 전문적 학력을 나타내는 표지였고 오늘날에도 여전히 그렇다는 사실은 이 학위가 언제나 요구하는 자격 요건을 통해 분명하게 드러난다. 우리는 철학 박사 학위를 받을 수 없으며, 그 대신 역사학이나 영문학, 물리학, 지질학, 경제학 등에서 박사 학위를 받아야 한다. 설령 누군가 철학 박사 학위를 받더라도, 그때의 철학은 모든 기예와 학문을 포괄하는 종합적 의미의 철학이 아니라, 근대의 대학이 제공하는 전문적인 연구 분야 가운데 하나로서의 철학이다.

미국에서 가장 오래된 학문 조직은 지식을 가르쳐 전파하는 일이 아니라 지식을 증진하는 일에 관심을 기울였던 미국철학회American Philosophical Society다. 벤저민 프랭클린이 1743년에 창립한 미국철학회는 1769년까지 '지리학·수학·자연철학·천문학', '의학·해부학', '자연사·화학', '교역·상업', '역학·건축', '농업·미국의 개선' 등 여섯 가지 연구 영역을 정했다. 1815년에는 일곱 번째 영역인 '역사·도덕학·일반 문학'을 추가했다.

이 영역들은 1936년에 '수학·물리학', '지질학·생물학', '사회과학', '인문학'라는 네 가지 영역으로 다시 묶였다.

오늘날 미국의 많은 대학에서는 이 분류법을 채택해, 연구하고 가르치는 모든 학과를 네 범주로 나누고 있다. 때로는 컬럼비아대학교의 문리과 대학원처럼 사회과학, 자연과학, 인문학의 세 범주로 나뉘기도 한다. 어떤 경우 오늘날 인문학은 학문의 모든 갈래를 열거한 뒤에 남는 것을 가리키기도 한다.

짐작하다시피 그렇게 열거한 목록은 대부분 알파벳순이다. 예컨대 컬럼비아대학교 문리과 대학원에서 일반적 범주인 자연과학에는 다음이 포함된다.

Anatomy and Cell Biology 해부학과 세포생물학

Applied Physics and Nuclear Engineering 응용물리학과 원자력공학

Astronomy 천문학

Biochemistry 생화학

Biological Sciences 생명과학

Chemical Engineering and Applied Chemistry 화학공학과 응용화학

Chemistry 화학

Civil Engineering and Engineering Mechanics 토목공학과 공업역학

Computer Science 컴퓨터과학

Electrical Engineering 전기공학

Geological Sciences 지질학

Human Genetics and Development 인류유전학과 인간발달학

Industrial Engineering and Operations Research 산업공학과 운영연구

Mathematics 수학

Mechanical Engineering 기계공학

Microbiology 미생물학

Mining, Metallurgical, and Mineral Engineering 광산공학, 금속공학, 광물공학

Pathology 병리학

Pharmacology 약리학

Physics 물리학

Physiology 생리학

Psychology 심리학

Statistics 통계학

사회과학에는 다음이 포함된다.

Anthropology 인류학

Economics 경제학

Geography 지리학

History 역사학

Political Science 정치학

Sociology 사회학

인문학에는 다음이 포함된다.

Art History and Archaeology 예술사와 고고학

Classics 고전학

East Asian Languages and Cultures 동아시아 언어와 문화

English and Comparative Literature 영문학과 비교문학

French and Romance Philology 프랑스어와 로망스어 문헌학

Germanic Languages 게르만어파

Italian 이탈리아어

Linguistics 언어학

Middle East Languages and Cultures 중동 언어와 문화

Music 음악

Philosophy 철학

Religion 종교

Slavic Languages 슬라브어파

Spanish and Portuguese 스페인어와 포르투갈어

네 범주의 분류든 세 범주의 분류든, 미국 대학원의 학과 수는 꾸준히 늘고 있다. 1919년 하버드대학교에는 학과가 15개 있었다. 이것이 1949년에 28개, 1976년에 31개로 늘었다. 프린스턴대학교에서는 학과 수가 1919년 14개에서 1976년 26개로 증가했다. 캘리포니아대학교 버클리에서는 1919년 39개에서 1976년 43개로 늘었다.

이러한 증가는 대체로 전문 학문이 급증한 결과다. 1863년 창립 당시 미국과학아카데미National Academy of Sciences는 10개 부문으로 이루어졌다. 1975년에 조직을 대폭 재편하면서 부문이 23개로 증가했고, 새로 추가된 부문은 거의 전부 100년 전에는 존재하지 않았던 학문이다.

미국 대학의 전문 대학원에서도 똑같은 일이 일어났다. 중세

부터 우리에게 전해진 학구적 전문직인 의학, 법학, 신학에 더해, 오늘날에는 경영 대학원, 언론 대학원, 사회복지 대학원, 치의학 대학원, 간호 대학원, 공학 대학원(다시 다양한 전문 대학원으로 나뉜다), 컴퓨터기술 대학원, 교육 대학원, 도서관학 대학원, 건축 대학원, 농업 대학원, 축산 대학원 등이 있다. 이렇게 열거한 대학원은 알파벳순은 아닐지라도, 알파벳순 목록만큼이나 원칙 없이 배열된다.

미국 대학의 일반 대학원과 전문 대학원에서 학사 과정으로 관심을 돌려보면, 안내서에 실린 학과가 각 과목을 가르치는 학과의 머리글자를 따 알파벳순으로 배열되었음을 확인할 수 있다.

미국 대학 학과의 알파벳순 목록은 여기에 전부 수록하기에는 너무 길다. 여기서는 네 가지 목록, 즉 컬럼비아, 예일, 하버드, 캘리포니아 버클리의 현재 안내서의 일부를 비교해 보는 것으로 충분할 것이다.

네 대학 목록의 표본은 모두 C부터 F까지의 학과들로 이루어져 있다. 독자들은 비교적 짧은 이 표본들을 한눈에 비교해서 서로 어떻게 다른지, 무엇이 추가되고 무엇이 빠졌는지 알수 있을 것이다. 이러한 차이는 각 대학이 학사 과정에서 중요하다고 여기는 주제에 대한 관심을 보여 준다. 그러나 독자들은 네 가지 목록에 실린 학과의 위치가 동등해 보인다는 것, 학식의 영역에서 어느 학과도 다른 학과보다 중요해 보이지 않는다는 것 역시 알 수 있을 것이다.

이 네 가지 알파벳순 목록은 미국의 거의 모든 대학에서 제공하는 학사 과정을 대표한다고 말할 수 있다. 컬럼비아의 두 가지 필수과목과 하버드의 여섯 가지 핵심 필수과목처럼 몇몇 대학교에서는 특정한 연구 분야를 종합적 학식을 갖추기 위해 반드시 수강해야 하는 과목으로 정해 놓았다. 이러한 사례는 대학 학사 과정의 단조로운 알파벳주의에서 보기 드문 예외다.

이러한 필수과목을 빼면, 학생들은 전공하거나 부전공할 주제를 자유롭게 선택할 수 있다. 과목의 알파벳순 목록은 그러한 선택을 위한 길잡이를 학생들에게 전혀 제공하지 않는다. 어떤 주제가 어째서 그들의 전공과 부전공이 되어야 하는지도 말해 주지 않는다. 알파벳순으로 작성된 목록은 전공과 부전공을 선택하는 문제를 현재 자신의 관심사에 대해 잘 모르는 학생들의 변덕에 맡긴다.

컬럼비아대학교

Chemistry 화학

Classics 고전학

Computer Science 컴퓨터과학

Contemporary Civilization
현대 문명

Dance 춤

East Asian Languages and
Cultures 동아시아 언어와 문화

Economics 경제학

Education 교육학

Engineering 공학

English and Comparative
Literature 영문학과 비교문학

Film 영화

French Language and Literature
프랑스 언어와 문학

예일대학교

Cell Biology 세포생물학

Chemistry 화학

Classical Languages and
Literatures 고전 언어와 문학

Comparative Literature 비교문학

Computer Science 컴퓨터과학

East Asian Languages and
Literatures 동아시아 언어와 문학

East Asian Studies 동아시아 연구

Economic History 경제사

Economics 경제학

Engineering and Applied Science
공학과 응용과학

English 영어

Epidemiology and Public Health
유행병학과 공중보건

Experimental Pathology 실험병리학

Forestry and Environmental
Studies 임학과 환경 연구

French 프랑스어

하버드대학교

Celtic Languages and Literatures
켈트어파와 문학

Chemical Physics 화학물리학

Chemistry 화학

The Classics 고전학

Comparative Literature 비교문학

Computer Science 컴퓨터과학

Dramatic Arts 극예술

Earth and Planetary Physics
지구물리학과 행성물리학

East Asian Languages and
Civilizations 동아시아 언어와 문명

East Asian Programs
동아시아 프로그램

Economics 경제학

Engineering Sciences and Applied
Physics 공학과 응용물리학

English and American Literature
and Language 영미 문학과 언어

European Studies 유럽 연구

Expository Writing 설명문

Fine Arts 예술

Folklore and Mythology
민속학과 신화학

French Language and Literature
프랑스 언어와 문학

캘리포니아대학교

Chemistry 화학

Chicano Studies 치카노(멕시코계
미국인) 연구

Classics 고전학

Comparative Literature 비교문학

Computer Science 컴퓨터과학

Development Studies 개발 연구

Dramatic Arts 극예술

Dutch Studies 네덜란드어 연구

East European Studies 동유럽 연구

Economics 경제학

English 영어

Environmental Sciences 환경과학

Ethnic Studies 종족 연구

Film 영화

Folklore 민속학

French 프랑스어

4 　도서관

대상의 가치를 대상이 가진 장점에 따라 평가하는 일은 현자 혹은 현자의 또 다른 자아라고 할 수 있는 철학자의 임무로 알려져 왔다. 알파벳을 조직 원리로 사용하면 상대적인 가치나 중요성, 의의를 반영하는 배열에 앞서야 할 판단을 회피하게 된다. 그저 편하게 참고하기 위해 지혜와 철학을 포기하는 셈이다.

제2부에서는 고대와 중세, 근대의 철학자들이 그들의 임무를 지혜의 이름으로 어떻게 수행했는지 고찰할 것이다. 그러나 그에 앞서 학식의 세계를 이루는 부분 사이에 유의미한 관계를 설정함으로써, 학식 세계 전체를 구조화하는 문제에 비철학적으로 접근하는 방법을 하나 더 살펴봐야 한다.

그 접근법이란 도서관 사서가 책을 분류할 때 사용하는 방법이다. 저자 이름의 머리글자를 기준으로 책을 알파벳순으로 배열하거나 출간 일을 기준으로 연대순으로 배열하는 것은 분명 유용한 분류법이 아니다. 그런 알파벳순 혹은 연대순 배열법은 간혹 도서관의 장서 목록을 작성할 때는 쓸 수 있을지 몰라도 분류 체계로는 쓸 수 없다.

백과사전, 대학, 도서관 사이에는 뚜렷한 유사점이 있다. 셋 모두 일정한 규모를 갖추고 나면 당대에 알려진 영역 전체, 인간 학식의 범위 전체를 포괄한다고 주장한다. 백과사전은 그 영역 전체의 핵심 부분을 개관하고 상술하는 항목으로 포괄하고, 대학은 학과목으로 포괄하며, 도서관은 서가에 놓인 책으로 포괄한다.

이러한 유사점은 백과사전, 대학, 도서관 모두 지식의 중요한 부분을 똑같은 방법으로 조직한다는 것을 일러 주는지도 모른다. 앞서 보았듯이 백과사전과 대학 안내서는 똑같이 알파벳순 배열법을 사용한다. 그러나 도서관은 다르다.

우리는 기원전 1세기에 이집트를 침략한 로마군의 공격에 잿더미가 돼 버린 알렉산드리아 도서관의 파피루스 필사본들이 어떻게 배열되어 있었는지 알지 못한다. 그러나 그 필사본들이 아리스토텔레스의 원리에 맞게 배열되었으리라는 추정은 타당하다. 중세에 무어인이 통치한 스페인의 살라망카와 톨레도에 있었던 커다란 도서관들도 마찬가지였을 것이다. 이들 도서관에서도 아리스토텔레스의 후계자인 이슬람 철학자 이븐 시나와 이븐 루시드가 궁리한 원리에 따라 장서를 배열했을 것이다.

구텐베르크 이후 처음으로 인쇄된 책들을 서가에 올려놓은 도서관들의 경우, 배열 원리로 프랜시스 베이컨이 『학문의 진보』에서 내놓은 지식의 조직 체계를 채택했을 것이라고 추정하는 것이 합리적이다. 분명 근대 초기 수백 년 동안에는 지식의 조직자라는 아리스토텔레스의 역할을 베이컨이 대신했다.

베이컨의 체계는 간략하게 말해(뒤에서 더 자세히 다룰 것이다) 정신의 산물, 특히 책을 산출하는 인간의 능력을 세 가지로 분류한 것에 바탕을 둔다. 그 세 가지 능력이란 오름차순으로 기억력, 상상력, 이성이다. 예컨대 역사와 전기는 기억력의 영역에 들어가고, 시와 픽션은 상상력의 영역에 들어가며, 모든 학문, 즉 철학의 부분들은 이성의 영역에 들어간다.

토머스 제퍼슨은 버지니아 주 몬티첼로의 저택에 서재를 마련하고 장서를 정리할 때 베이컨의 체계를 따랐다. 제퍼슨의 서재는 훗날 미국 의회도서관의 중핵이 되었다. 베이컨의 제안에 따라 책을 세 종류로 분류하려면 주요 범주에 속하는 엄청나게 다양한 책을 나눌 수 있는 다수의 하위 범주가 반드시 필요하다. 44가지 하위 범주를 더한 의회도서관의 분류 체계는 제퍼슨 시절부터 20세기 초입까지 변함없이 유지되다가 1901년부터 1910년 사이에 완전히 바뀌었다.

다음은 오늘날 미국 의회도서관의 분류법이다. 이 목록의 맨 위에 있는 참고 도서(백과사전, 사전 등) 범주는 생략했다. 몇몇 주요 범주에 속하는 하위 범주는 예시했다.

철학

심리학

종교

역사 ·전기

지리 ·여행과 자연지리학

·인류학과 민속학

사회과학 ·통계학

·경제학

·운송과 통신

·상업

·재정

·사회학

·협회, 단체

·사회주의, 공산주의

·사회병리학, 범죄학, 행형학 行刑學

·정치학, 헌법사, 행정, 국제법

·법

·교육

음악

예술   ·건축

언어와 문학

과학   ·수학

·물리학

·화학

·생명과학

의학

농업

기술   ·공학

·건축

·화학기술

·제조

군사학, 조선학

서지학, 도서관학

주요 범주인 예술의 하위 범주로는 시각예술, 건축, 조각, 소묘, 디자인, 삽화, 회화가 있다. 또 다른 주요 범주인 과학 아래에는 수학, 수리논리학, 컴퓨터과학, 천문학, 물리학, 화학, 지질학, 자연사, 일반생물학, 세포학, 식물학, 동물학, 인체해부학, 생리학, 미생물학이 있다. 그리고 주요 범주인 철학, 심리학, 종교 아래에는 논리학, 사변철학, 형이상학, 인식론, 방법론, 미학, 윤리학, 신화학과 다양한 세계 종교의 이름이 있다.

누군가는 의회도서관의 분류 체계를 두고 "그것은 철학적으로 타당한 체하지 않는다. 그저 실용성을 추구할 뿐이다."라고 말했다. 이 말은 실상을 축소한 표현이다. 아리스토텔레스의 원리를 기준으로 보나 베이컨의 원리를 기준으로 보나, 의회도서관의 체계보다 철학적으로 타당하지 않은 체계는 없을 것이다. 처음에 제퍼슨의 서재가 중핵을 이룰 때만 해도 의회도서관은 베이컨의 원리를 따라 조직되었겠지만, 20세기 들어 체계가 대폭 변경된 뒤에는 여러 면에서 원래 체계에서 멀어졌다.

도서관을 조직하는 또 다른 주요한 체계는 애머스트칼리지의 사서였던 멜빌 듀이가 1873년에 처음 도입했다. 이 체계는 20세기에 듀이 10진 분류법이 되었다. 이 분류법의 원래 형태는 아홉 개의 부문 혹은 범주로 구성되었는데, 듀이는 역사(기억력)가 맨 아래 있고 시문학과 픽션(상상력)이 중간에 있으며 학문과 철학(이성)이 최상위에 있는 베이컨의 오름차순을 단순히 뒤집은 내림차순으로 아홉 범주의 위계를 정하려 했다.

그러나 오늘날 듀이 10진 분류법의 주요 범주의 순서는 듀이의 애초 구상에서 대단히 멀리 떨어져 있다.

서지학과 도서관학

철학

심리학

종교

사회과학　　·사회학

　　　　　　·통계학

　　　　　　·정치학

　　　　　　·법

　　　　　　·행정

　　　　　　·복지와 연합

	·교육
	·상업
	·관습과 민속
언어	
과학	·수학
	·물리학
	·화학
	·생명과학
의학	
기술	·공학
	·농업
	·사업
	·화학기술
	·제조
	·건축
예술	·건축양식과 음악
문학	
지리	
전기	
역사	

의회도서관의 체계와 듀이 10진 분류법은 아직까지 해명되지 않은 수많은 철학적 물음을 던진다. 주요 범주는 어느 정도나 대등하거나 같은 수준에 있는가? 범주 사이에는 어느 정도나 위계질서가 있는가? 위계질서가 있다면 오름차순이나 내림차순으로 각 범주의 중요성 등급이 정해지는가? 일부 주요 범주의 하위 범주는 그 명칭이 적절한가?

이를테면 수학과 논리학은 경험 과학이나 실험과학에 속해야 하는가? 종교는 철학과 밀접한 관계여야 하는가? 심리학은 철학에 속하는가 아니면 실험과학에 속하는가? 철학의 한 갈래인 심리학과 경험 과학의 하나인 심리학, 이렇게 심리학이라 불릴 수 있는 상이한 두 가지 분과가 있는가? 후자의 심리학은 자연과학에 속하는가, 사회과학에 속하는가?

백과사전과 대학 안내서는 알파벳에 기대어 이러한 물음들을 분명하고도 철저하게 회피한다. 그러나 대형 도서관의 도서 목록 체계에 따라 주요 범주를 정할 때는 이러한 물음들을 제기하지 않을 도리가 없다. 일단 알파벳을 포기하고 나면 다른 원리를 도입해야 하고, 그 원리의 타당성과 적합성을 검증해야 한다.

이제 우리는 오늘날 세계의 대형 도서관이 사용하는 비철학적인 체계를 고찰하면서 제기된 물음에 답하기 위해 철학자에게 주의를 돌려야 한다. 제2부에서 살펴보겠지만, 철학자들은 시대마다 제각기 다른 답변을 충분히 내놓았다. 설령 그중에 유보 조건이나 단서를 달지 않고는 받아들일 수 있는 답변이 없더라도, 적어도 학식의 세계를 탐험하는 모든 이에게 길잡이가 될 통찰과 영감을 얻을 수는 있을 것이다.

II

20세기 이전
지식의 조직

5 고대 그리스와 로마

개인의 발전 과정에 따라 배우는 삶:

플라톤(기원전 428?~기원전 347?)

앞으로 살펴볼 지식을 조직하기 위한 다른 많은 체계와는 달리, 플라톤의 구상은 교육학의 성격이 강하다. 플라톤의 구상에서는 배워야 할 주제가 순서대로 배열되어 있는데, 그 순서는 아동기와 청년기를 거쳐 인생의 원숙기에 이르기까지 개인의 발달 과정에서 이어지는 단계에 대응한다.

배우는 삶을 위한 플라톤의 처방전을 찾아볼 수 있는 대화편은 『국가』로, 여기서 플라톤은 이상 국가의 수호자(통치 계급)를 교육하기 위한 구상을 내놓는다. 이 구상은 지식의 부분들을 조직하기 위한 것, 달리 말해 다루는 대상과 주제의 차이에 따라 지식의 갈래들을 연관 짓기 위한 것이 아니다. 그러한 의도를 내포하고 있을지는 모르지만, 겉으로 드러나는 구상은 시간적 연쇄다. 이 연쇄에서는 정신의 발달 과정에서 제일 먼저 배워야 하는 것을 맨 처음에 놓고, 이어서 중간 단계를 거쳐, 마침내 지혜와 진리를 향한 정신의 여정에서 정점에 도달한다. 그러므로 플라톤의 구상은 공부하는 삶을 안내하기 위한 지도로 여길 수 있다.

플라톤의 술어를 그대로 전달하면 현대의 독자는 그의 구상을 이루는 요소를 이해하기 어려울 것이다. 그래서 나는 플라톤의 어휘를 우리 시대에 더 친숙한 단어로 옮겼다.

플라톤은 아동기와 청년기에는 체육과 음악에 전념해야 한다고 생각했다. 체육을 통해 신체를 단련하고 유용한 기술을 익히며, 음악을 통해 감성과 기억력, 상상력을 함양한다. 이 첫 단계의 마지막 수년 동안에는 언어를 사용하는 기술과 더불어 정의하고 분석하고 추론하고 논증하는 과정에서 정신을 사용하는 기술을 습득함으로써 체육과 음악을 보완한다.

플라톤이 인생의 첫 20년을 배움의 첫 단계에 할애한다는 사실은 놀랍다. 그러나 우리는 이 프로그램이 자유 시간이 충분한 통치 계급인 수호자들을 위한 것이지, 훨씬 어린 나이부터 온갖 생산적 노동에 종사하는 이들을 위한 것이 아님을 유념해야 한다.

20세부터 30세까지에 해당하는 두 번째 단계에는 감각의 세계에서 수학적 사유의 대상과 수리과학적 논증으로 이루어지는 지적 영역(숫자와 계산, 비율과 비례의 영역)으로 주의를 돌려야 한다.

플라톤이 말하는 배움의 순서에서 이러한 요소들을 가리키는 단어는 산술, 기하학, 천문학, 음악이다. 이 가운데 앞의 두 단어는 우리에게 친숙하다. 그러나 이 두 번째 단계에서 플라톤이 말하는 천문학과 음악이란 수리과학이기도 한데, 천문학은 천체의 운동에 관한 수학적 정식화를 다루고, 음악은 화성和聲의 비율과 비례를 다룬다.

30세부터 50세까지 수호자들은 국가의 일에 관여하면서 서서히 완숙해 간다. 이 기간에는 이런저런 주제를 공부하기보다 세상사를 경험하며 배우는 데 전념한다. 처음 두 단계에서 정신을 단련하고 도야했고, 셋째 단계에서 경험을 쌓아 성숙하고 여유로워진 수호자들은 이제 넷째이자 마지막 단계에 진입할 준비를 마친 상태다.

수호자들의 정신이 가장 높은 수준까지 발달하고, 그들의 진리 추구가 정점에 도달하며, 그들의 지혜 탐색이 목표에 근접

하는 때가 바로 이 단계다. 플라톤은 이 단계를 가장 순수한 형식의 철학을 뜻하는 변증술(관념을 관조하고 제1원리를 파악하는 기술)에 바친다. 이때 정신은 마침내 감각적이고 변화하는 대상의 세계, 생성의 영역에 등을 돌리고 지적이고 불변하는 존재의 영역에 온전히 집중한다.

플라톤의 체계에는 오늘날 우리가 주목하는 지식의 주요한 한 부분 혹은 영역이 거의 완전히 빠져 있다. 독자들은 그 체계에 지각할 수 있는 현상에 대한 관찰을 포함하는 학문, 즉 자연과학에 대한 언급이 전혀 없음을 알아챌 것이다. 조화로운 우주의 형성과 발달을 다루는 플라톤의 대화편 『티마이오스』에서 소크라테스는 이 우주론적 설명이 과학적 논증보다는 신화에 더 가까운 '그럴싸한 이야기'일 뿐이라고 말한다.

아울러 플라톤이 그의 체계 어느 대목에서 좋은 삶과 좋은 사회라는 문제를 사유하고 탐구하는지 궁금한 독자들은 플라톤에게 윤리학과 정치학은 지식의 조직에서 한 자리를 차지하는 학문이 아니라는 사실에 유의해야 한다. 플라톤은 그러한 문제를 관념(좋음, 행복, 덕, 국가, 정의의 관념)을 논하는 대목에서 사유한다.

중요한 것이 하나 더 남았다. 『고르기아스』 같은 다수의 초기 대화편과 후기 대화편인『소피스트』에서 플라톤은 철학자를 정치가, 소피스트와 구별하려 한다. 셋 모두 동일하거나 아주 비슷한 방법을 사용한다. 그리고 모두 동일하거나 아주 흡사한 정신 사용법에 익숙해져 있다. 그러나 플라톤이 보기에 철학자와 정치가, 소피스트 사이에는 본질적이고도 결정적인 차이가 있다. 철학자는 진리를 향한 한결같은 헌신으로 그의 지적 과정을 좌우하는 반면, 대개 동일인인 정치가와 소피스트는 고찰 중인 문제의 진리와는 무관하게 논쟁에서 이기려는 일념뿐이다.

이론적 지식과 실천적 지식을 아우르다:
아리스토텔레스(기원전 384~기원전 322)

아리스토텔레스의 지식 체계는 세 가지 면에서 플라톤의 구상과 유사하다.

첫째, 플라톤과 마찬가지로 아리스토텔레스는 언어의 사용과 정신의 작용을 통제하는 훈련, 문법과 논리를 공부해 습득하는 기술을 배움의 첫 단계로 정한다. 아리스토텔레스의 전체

저술 가운데 초기 저작을 가리키는 '오르가논'은 술어의 사용, 명제의 해석과 분석, 추론의 규칙, 학문의 방법론, 논증의 방식을 다루는 일련의 논저로 이루어져 있다. 다른 모든 것을 추가로 배우려면 먼저 오르가논에서 다루는 내용에 숙달해야 한다. 이것이 이 단계가 나머지 모든 단계에 선행하는 이유다.

둘째, 플라톤처럼 아리스토텔레스도 특정 주제에 대한 공부를 개개인이 많은 경험을 쌓아 원숙해진 시기로 유보한다. 아리스토텔레스는 윤리학과 정치학 공부는 젊은이의 몫이 아니라고 말한다. 젊은이는 인생을 살아가고 사회를 통치하는 과정에서 무엇을 추구하고 무엇을 해야 하는지 타당한 판단을 내리기에는 아직 세상사 경험이 부족하다는 것이다.

셋째, 사용하는 술어들은 크게 다를지라도 플라톤과 아리스토텔레스가 한마음처럼 보이는 측면으로, 이론적 진리와 철학적 지혜를 추구하는 탐구의 정점 혹은 가장 높은 수준과 관련이 있다. 앞서 보았듯이 플라톤의 경우 변증술이라 불리는 이 정점은 관념에 관한 탐구다. 반면에 아리스토텔레스의 경우 모든 학문의 으뜸인 이 정점은 때로는 형이상학이라 불리고, 때로는 제1철학, 때로는 신학이라 불린다.

이 세 이름 모두 적절한 표현이다. '형이상학'은 물리 현상을 넘어설 뿐 아니라 변화나 움직임, 생성보다 존재에 관심을 두는 학문이기 때문이다. '제1철학'은 제1원리, 즉 지식의 다른 모든 갈래의 공통 기반인 원리를 다루기 때문이다. '신학'은 형이상학의 결론 부분이 신과 관련이 있기 때문이다.

이 세 가지 유사점을 인정하더라도 중요한 차이점 또한 많다. 그중 하나는 물리적 세계와 자연의 관찰 가능한 현상에 대한 지식을 주는 학문 전부를 플라톤은 빠뜨렸으나 아리스토텔레스는 자신의 체계에 포함시켰다는 것이다. 아리스토텔레스의 전체 저술 가운데 오르가논의 문법과 논리에 관한 논저에 곧바로 이어지는 것은 지구의 변화와 움직임, 발생, 변질과 이 모든 변형에 작용하는 원인 그리고 시간과 공간, 영원성을 다루는 물리학적 논저다. 그다음은 천체의 움직임을 다루는 논저다. 그 뒤를 잇는 것은 식물과 동물의 분류와 생물의 생식, 생물의 부위 혹은 필수 기관을 다루는 학문과 관련된 일군의 생물학적 저술이다.

이러한 일련의 저작 마지막에 자리 잡은 논저는 『영혼에 관하여』(아리스토텔레스의 심리학)이다. 영혼론은 생명체의 등급, 식물 유기체의 생장 능력과 동물 유기체의 감각하고 이동하는 능력을 다룬 뒤 인간 유기체의 감각 능력과 지적 능력을 다룬다. 인간과 관련해 아리스토텔레스의 심리학은 물리학적·생물학적 학문과 순수한 철학적 저작인 『형이상학』을 잇는 다리 역할을 한다.

오늘날과 달리 아리스토텔레스의 시대에는 '과학'과 '철학'이라는 낱말에 매우 상이한 탐구의 갈래와 지식의 종류라는 의미가 없었음을 기억할 필요가 있다. 그럼에도 자연과학보다 자연철학에 더 가까운 논저인 『자연학』Physics을 뺀 나머지, 특히 아리스토텔레스의 생물학적 논저는 자연 현상의 관찰에 토대를 둔 경험적 지식이다. 그 논저는 근대적 의미에서의 경험 과학의 시작을 보여 준다.

이와 달리 아리스토텔레스의 『자연학』과 『형이상학』은 경험적 조사를 수반하지 않는 철학적 저작이다. 이 두 저작의 반성적·분석적 사유가 일부러 조사하려고 노력하지 않아도 모든 사람이 겪게 되는 단순한 공통 경험에 어느 정도 근거를 두고는 있지만 말이다.

형이상학을 다른 학문과 구별하고 또 연관 짓기 위해 아리스토텔레스는 지식의 이론적 갈래의 위계질서를 정립했다. 이 오름차순 계층구조에서 맨 아래 등급에 놓이는 것은 감각할 수 있고 변화하는 대상을 다루는 자연과학이다. 한 등급 위에는 추상적이거나 이상적인 대상에 대한 탐구인 수학이 있다. 숫자와 도형은 실제 자연계에 어떤 형태로 존재하든 그렇지 않든, 사유의 대상으로서 존재한다. 형이상학은 수학 위에 있는 가장 높은 등급을 차지한다. 형이상학은 수학과 마찬가지로 순전히 지적인 대상을 다루지만, 감각할 수 있는 물질적 대상의 세계와 별개로 실재할 수 있는 사유의 대상에 도달한다는 점에서 수학을 넘어선다.

플라톤과 아리스토텔레스의 두 번째 주요한 차이점은 이론 자체를 위해 탐구하는 이론적 지식과 행위를 지시하고 규제하고 판단하기 위해 탐구하는 실천적 지식을 엄격하게 구별한다는 것이다. 자연학, 수학, 형이상학은 이론적 지식의 세 등급을 이룬다. 윤리학, 경제학, 정치학은 실천적 지식의 세 종류다. 이 셋은 도덕철학이라는 총칭으로 묶을 수 있다.

지식의 부분들을 분류하는, 아리스토텔레스의 체계에는 있으나 플라톤의 체계에는 없는 세 번째 범주가 있다. 아리스토텔레스는 생산적 기술(예술적 기술과 유용한 기술을 포괄)에 관한 탐구를 이론적 학문과 실천적 학문에 더한다. 예술적 기술은 우리가 감상하는 대상을 만들고, 유용한 기술은 원하는 결과를 얻는 데 이바지하는 대상을 만든다. 아리스토텔레스가

『시학』에서 다루는 예술적 기술은 주로 서사문학 및 극문학과 관련이 있다. 유용한 기술은 기술의 산물과 자연의 산물을 대조하는 과학적 논저에서 다뤄진다.

독자들은 고찰할 만한 주제가 열거된 근대의 목록에는 있는 어떤 중요 지식 영역이 플라톤과 아리스토텔레스의 체계에는 없다는 사실을 알아챌 것이다. 플라톤은 역사를 전혀 언급하지 않는다. 아리스토텔레스는 어느 정도 보편적이라는 이유로 시가 역사보다 철학적이라고 말하는 대목에서 역사를 단 한 번 지나가듯이 언급할 뿐이다. 시는 실행할 수 있거나 실행할 법한 행위를 묘사하는 반면, 역사는 실제로 일어난 사건만을 서술해야 하므로 서술의 대상이 특수한 사건으로 제한된다.

근대에 기원하여 현대에 중요해진 다른 분과, 이를테면 행동과학 분야의 사회학이나 인류학, 자연과학 분야의 화학 등은 찾아볼 수 없다. 플라톤과 아리스토텔레스 둘 다 신학을 중요하게 여기지만, 종교에는 별로 주목하지 않는다.

자연법에 토대를 둔 윤리:

로마 스토아학파(1세기와 2세기)

로마 스토아학파는 단순성과 대중성을 갖춘 지식의 매력적인 세 범주를 우리에게 내놓는다. 그들에 따르면 인간 지식의 세 부분은 논리학, 자연학, 윤리학(인간 사유의 원리와 법칙에 관한 탐구, 자연의 원리와 법칙에 관한 탐구, 인간 행위의 원리와 규칙에 관한 탐구)이다.

내가 아는 한, 스토아학파의 주요 철학자들 중에서 이 세 부분 가운데 어느 한 부분이 다른 두 부분보다 앞서거나 우월하다고 말한 사람은 없다. 그럼에도 누군가는 상식선에서 논리학 탐구가 지식의 다른 부분을 준비하는 단계라고 생각할 수 있을 것이다.

스토아 철학은 자연계에서 인간의 위치를 대단히 강조했다. 누군가는 이 견해에 의거하여 논리학 탐구가 자연학과 윤리학 탐구에 선행하는 것처럼 자연학 탐구가 윤리학 탐구에 선행한다고 말할 것이다. 스토아 철학에 따르면 자연법을 탐구하면 인간 행위의 영역에서 무엇이 옳고 선한지를 밝힐 수 있다. 선의로 행동한다는 것은 자연법에 준하여 행동하는 것이다.

『성서』를 믿는 사람들이 발견하는 진리와 지혜:

아우구스티누스(354~430)

　로마 철학자이자 기독교 신학자인 성 아우구스티누스는 고대 그리스인에게 물려받은 학식 영역의 상을 바꾸어 놓았다. 아우구스티누스가 보기에 인간 지식의 정점에 있는 것은 철학의 한 갈래로서의 사변적 신학이 아니라 신의 계시된 말씀에 신앙을 가진 이들이 소유한 지식이다.

　다른 측면에서 보면, 아우구스티누스는 플라톤의 가르침에 더한 것이 거의 없는 플라톤주의자다. 그 자신이 수사학 학생이자 교사였던 아우구스티누스는 수사학을 관련 기예인 문법, 논리학과 더불어 단순한 의사소통의 수단이 아닌 학식의 필수적인 수단으로 강조했다. 아우구스티누스는 플라톤의 변증술 개념을 철학적 사유의 최정점으로 받아들였다. 물론 그 정점 위에는 『성서』를 믿는 사람들이 발견하는 진리와 지혜가 있다는 단서를 언제나 덧붙였다.

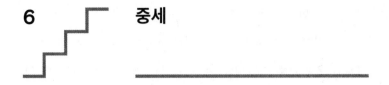

6　중세

철학은 신학의 하녀다:

토마스 아퀴나스(1225~1274)

　아퀴나스와 아우구스티누스는 둘 다 위대한 기독교 신학자이지만 스승은 다르다. 아퀴나스는 아리스토텔레스의 제자이고, 아우구스티누스는 플라톤의 제자다. 두 사람이 살아간 시대도 다르다. 아퀴나스는 중세가 한창 무르익은 때에 살았고, 아우구스티누스는 북쪽에서 내려온 야만족이 로마를 무너뜨린 고대 문명의 말기에 살았다.

　이 차이는 지식의 체계에서 아퀴나스가 '성스러운 교리'라 부른 신학의 위치를 바라보는 그들의 견해차를 설명해 준다.

　둘 다 신앙을 동반하는 지식을 인간이 알 수 있는 모든 것의 정점에 둔다. 또한 그러한 지식의 기원이 초자연적이라고 생각하고, 그러한 지식을 신이 계시를 통해 인류에게 전해 주는 선물로 여긴다. 다른 모든 지식은 인간이 선천적인 능력과 감각, 지성을 발휘해 획득한다. 그러나 아우구스티누스는 이성이 아닌 신앙을 통해 획득한 지식이 학문적 지식, 즉 전제에서 출발해 결론의 논증으로 나아가는 지식보다 우월하다고 말한다.

반면에 아퀴나스는 신성한 교리 혹은 신성한 신학을 학문의 완벽한 본보기로 여긴다. 신학은 교조적으로 언명된 기독교의 신조에서 원리나 전제를 받아들인다. 그리고 그 원리나 전제에서 출발해 분석과 설명, 결론에 도달하는 이성적 과정을 통해 신자들이 자신의 신앙을 더 깊이 이해할 수 있도록 한다. 기독교의 신조에 입각해 이성적 과정을 전개하는 교조적 신학 혹은 신성한 신학은 철학이 이끌어 내는 통찰과 분별, 논증을 필요로 한다.

이것이 아퀴나스가 신학을 학문의 여왕으로 찬양하면서도 철학을 신학에 꼭 필요한 시녀로서 칭송하는 이유다. 이처럼 신학의 유능한 하인으로 이해된 철학은 형이상학과 윤리학만이 아니라 자연적 지식을 구성하는 학문들도 포괄한다.

형이상학과 윤리학을 두 개의 정점으로 둔 철학은 인류에게 약간의 이론적·실천적 지혜를 주지만, 현세에서의 삶을 위해

서든 내세에서의 구원을 위해서든 이 지혜는 기독교도에게 충분하지 않다. 이 지혜의 결함은 오직 신앙으로만 얻을 수 있는 우월한 지혜로 극복해야 한다.

성장하는 정신이 우월한 지혜를 받아들이고 깨닫기 위해서는 먼저 어떤 훈련과 교육을 제공받아야 할까? 아우구스티누스가 문법과 수사학 공부를 배움의 첫 단계로 정했다면, 13세기 파리대학의 교수였던 아퀴나스는 신학을 공부하기 위한 준비 단계로 학생들에게 아리스토텔레스의 철학 저작을 읽고 구절마다 주해를 달아 주었다.

아퀴나스의 주해를 이해하며 따라가려는 학생들은 먼저 당시 7자유기예seven liberal arts*라 불리던 것을 배워야 했다. 플라톤과 아리스토텔레스도 이 7자유기예를 이런저런 형태로 인식하긴 했지만, 아우구스티누스의 시대는 7자유기예가 3학學과 4과科로 정식화되기 이전이었다. 그러한 정식화는 훗날 중세의 학교와 대학에서 이루어졌다.

3학은 세 가지 기예인 문법, 수사학, 논리학(언어를 올바르고 효율적으로 사용하는 기예와 정신을 정교하고 정확하고 타당하게 사용하는 기예)으로 이루어졌다. 논리학은 기예일 뿐 아니라 기술과 방법이기도 했다. 또한 논리학은 고유한 원리,

---

*

문법, 수사학, 논리학, 산술, 기하학, 천문학, 음악을 뜻하며 이 가운데 앞의 셋을 3학學이라 하고, 뒤의 넷을 4과科라 한다―옮긴이

즉 일군의 규칙(사유의 법칙)을 확립하는 정의, 특징, 공리를 갖춘 학문이기도 했다. 이 점은 수사학과 문법도 마찬가지로, 이 둘 역시 기예이자 학문이었다.

7자유기예 가운데 나머지 4과는 첫눈에는 주로 학문으로 보일 것이다. 이를테면 산술, 기하학, 천문학은 구球에 대한 수리과학으로, 음악은 화성에 대한 수리과학으로 보일 것이다. 그러나 4과는 기예, 즉 숫자와 도형, 비율과 비례를 다루는 정신의 기술이기도 하다.

7자유기예는 정신이 동원하는 기술이라는 점에서 기예의 면모가 있다. 또한 원리에 호소하고 규칙이나 결론을 확립한다는 점에서 학문의 면모가 있다. 기예로서 7자유기예는 우리에게 지적인 방법을 제공한다. 학문으로서의 7자유기예는 정신이 그 자체의 활동과 개념적 추상화를 돌아보며 숙고하는 지적인 대상에 관한 지식을 준다.

실험과학의 정립을 요청하다:
로저 베이컨(1214~1294)

토마스 아퀴나스와 동시대인이자 파리대학에서 함께 수학한 동료인 옥스퍼드대학교의 로저 베이컨은 신학자나 형이상학자보다는 자연과학자에 훨씬 가까운 인물이다. 그러므로 우리는 자연히 지식의 체계와 학식의 질서에 접근하는 매우 다른 방법을 베이컨에게 기대하게 된다.

베이컨은 『대저작』Opus Majus에서 천문학, 광학, 연대학 등의 학문에 적용하는 수학적 지식의 유용성을 강조했다. 이처럼 이른 시기에 베이컨은 놀라운 면모를 보여 주었다. 자연의 사실을 알기 위한 조사와 입증의 방법으로서의 실험과학을 정립하자고 요청한 것이다. 그리고 베이컨은 프란체스코회의 수사답게 철학과 신학의 밀접한 연관성을 인정했고, 신과 인간의 관계를 다룬다는 이유로 도덕철학과 신학이 인간의 학식의 정점에 있다고 보았다.

전체의 일부인 네 권만 남은 베이컨의 다른 저술에서는 오름차순으로 정리된 탐구 주제를 찾아볼 수 있다. 첫 번째는 3학의 기예(문법, 수사학, 논리학)이다. 두 번째는 4과의 기예로, 수학의 공통 원리에서 시작해 특정한 갈래(산술, 기하학, 천문학, 음악)로 나아간다. 세 번째는 광학, 지리학, 연금술, 농학, 의학, 실험과학 일반을 포함하는 자연과학의 전 영역이고, 네 번째는 탐구의 최고 수준에 있는 주제인 형이상학과 도덕이다.

7 근대: 17세기

인간의 능력은 기억력, 상상력, 이성으로 나뉜다:
프랜시스 베이컨(1561~1626)

프랜시스 베이컨(베룰람 남작, 국새상서國璽尙書, 잉글랜드의 대법관)은 법관과 행정관의 재능으로 철학적 문제들을 제기했다. 베이컨의 주치의이자 혈액 순환을 발견한 윌리엄 하비는 베이컨이 "대법관처럼 철학을 썼다."라고 말했다.

베이컨의 명성을 확립하고 영향력을 퍼뜨린 두 저작(1605년 작 『학문의 진보』와 1620년 작 『신기관』) 가운데 여기서 우리가 주목할 것은 앞의 저작이다. 그렇지만 그저 베이컨이 썼다는 이유로 이 저작에 관심을 기울이는 것은 아니다.

베이컨의 주된 목표는 당대 인간 지식의 현황을 조사하고 지식 영역의 결함을 지적함으로써 점점 축적되는 인간의 학식을 위한 해결책을 제시하는 것이었다. 이 목표를 위해 베이컨은 먼저 지식의 부분들과 각 부분 간의 관계를 명시해 지식의 전 영역을 체계화해야 했다. 베이컨이 "지적 세계의 작은 지구의地球儀"이라고 부른 학식의 지도는 이 표현이 담고 있는 의미보다 거대했으며 광범위하고 포괄적이었다.

베이컨이 지식 조직에 사용한 원리는 인간의 능력을 기억력, 상상력, 이성으로 구별하는 데서 시작된다. 베이컨에 따르면, 인간은 이러한 인식 능력을 발휘함으로써 자연적 수단을 통해 모든 지식을 얻을 수 있다. 그러나 인간은 또 다른 초자연적 근원(신의 계시)에서 유래하는 지식도 소유한다. 베이컨은 후자의 지식을 상세히 다룬 적이 없다. 인간 학문의 진보를 위해 무엇을 해야 하는가에 골몰했던 베이컨이 구분한 지식의 부분들은 대부분 전자의 범주에 속했다.

베이컨은 기억력, 상상력, 이성이라는 세 가지 능력으로 역사, 시, 철학을 구분했다. 역사는 기록으로 남은 기억할 만한 과거를 다룬다. 베이컨이 말하는 시는 상상력의 모든 산물, 즉 운문으로 쓰인 시가만이 아니라, 산문이든 운문이든 (오늘날 희곡과 소설이라 부르는) 극문학과 서사문학을 비롯한 모든 형식의 이야기체 픽션을 포함하는 상상문학 전체를 뜻한다.

베이컨이 말하는 '철학'의 의미는 오늘날보다 훨씬 넓었다. 이 철학에는 인간의 경험을 이성으로 성찰해서, 때로는 경험적 조사나 탐구의 도움을 받아 획득하는 모든 형식의 지식이 포함되었다. 오늘날 철학의 갈래로 여기는 것들만이 아니라 학문으로 여기는 것들도 베이컨의 철학에 들어갔다. 또한 실험과학의 기술적 또는 생산적 결과물과 과학을 응용하는 다양한 기예도 이 철학에 포함되었다.

베이컨을 비판한 이들은 인간 지식의 세 부분이 전적으로 기억력, 상상력, 이성에서 유래하는 것은 아니라는 사실을 지적했지만, 나는 이 비판으로 지식의 전 영역을 아우르는 베이컨의 통찰이 훼손된다고 생각하지 않는다. 물론 기억력만이 아니라 이성과 상상력도 역사적 지식에, 역사적 연구와 서술에 관여한다. 그러나 기억력 없이는 역사도 없을 것이다. 이와 마찬가지로 기억력과 상상력은 모든 형식의 철학적 혹은 과학적 기획에 관여하지만, 이성 없이는 철학이나 과학이 존재할 수 없을 것이다. 이성과 기억력 역시 시 창작에서 일정한 역할을 하지만, 상상력을 발휘하지 못한다면 상상문학은 없을 것이다.

베이컨에게 이의를 제기하고 수정을 요구할 수 있는 지점은 시 혹은 상상문학을 인간 지식의 세 부분 가운데 하나로 포함한다는 내용이다. 시가 인간 문화, 가장 넓은 의미의 학식의 필수 요소라는 점은 의심할 여지가 없다. 그러나 지식을 학식보다 좁은 의미로 사용한다면, 현실에 대한 진리임을 표방하는, 입증이나 반증이 가능한 주장이라는 뜻으로 사용한다면, 역사와 철학 혹은 과학은 지식의 영역에 속하지만 시는 그렇지 않다.

그런데 다른 한편으로 진리를 더 넉넉한 의미로 사용할 수 있다면, 진리에는 과학적·철학적·역사적 진리뿐 아니라 시적 진리도 포함된다. 실제적인 것에 관한 진리뿐 아니라 있을 법한 것에 관한 진리도 포함되는 것이다. 그러한 토대 위에서라면 역사, 철학과 더불어 시를 지식의 영역에 포함한 베이컨의 구상은 정당화될 수 있다.

베이컨에 따르면, 역사에는 네 가지 하위 범주가 있다. 현대 독자들에게는 베이컨이 그 범주들에 붙인 이름에 대해 약간의 설명이 필요하다. 자연사 범주에는 우리가 이 용어로 뜻하는 것 말고도 기예와 과학의 역사까지 포함되었다. 시민사회사 범주에는 정치 제도와 정무政務의 역사와 더불어 전기와 연대기도 포함되었다. 종교사 범주에는 교회와 여타 종교 제도, 관습, 사건의 역사가 포함되었다. 문필사 범주에는 좁은 의미의 정치사와 대비되는, 오늘날이라면 사회사와 문화사라 부를 것이 포함되었다.

역사를 이러한 하위 범주로 분류하는 방식은 몇 가지 의문을 불러일으킨다. 오늘날 자연 현상의 영역에서 일어나는 변화에 대한 서술을 가리키는 술어인 자연사는 정치사나 문화사와 같은 범주에 속하기보다는 자연과학에 속하지 않는가? 종교사가 신적 지식이 아니라 엄밀한 의미의 인간적 지식(즉 『성서』나 신성한 계시에 토대를 두지 않는 지식)이라면 문화사의 한 요소여야 하지 않는가? 여하튼 베이컨이 종교사라는 말로 의미한 것이 오직 기독교의 제도 및 사건과 관계가 있다는 점은 분명하다. 베이컨은 우리가 인간의 모든 종교에 대한 비교 연구로 이해하는 것을 전혀 염두에 두지 않았다.

마지막으로 인간의 학식 혹은 지식의 세 번째 주요 범주인 철학을 다룰 차례다. 이 주요 범주에서는 모든 지식의 가장 일반적인 원리에 대한 고찰과 특정한 탐구 형식의 성과가 구별된다. 베이컨이 제1철학이라고 부른 전자가 고대인이 형이상학이라 부른 것과 완전히 맞물리는 것은 아니다. 특정한 탐구 분야 혹은 방식은 다루는 대상(신, 자연, 인간)에 따라 다시 세분된다. 그 결과 특정한 탐구 분야는 세 가지 하위 범주, 즉 신성한 신학과 구별되는 자연신학, 자연철학, 인간철학으로 나뉜다.

다시 한 번 베이컨의 명명법을 오늘날에 더 친숙하고 이해하기 쉬운 술어로 번역할 필요가 있다. 베이컨이 말한 자연신학은 철학적 신학을 뜻한다. 고대인이었다면 이 자연신학을 형이상학에 관한 저작의 마지막 부분에 배치했을 것이다. 베이컨이 말한 자연철학을 우리는 자연에 대한 철학과 모든 자연과학으로 나눈다. 베이컨은 인간철학을 개인으로서의 인간을 다룬 부분과 무리나 집단, 즉 인간 사회에 속한 인간을 다루는 부분으로 세분했다.

개개인을 다루는 부분은 의학, 치장술, 체육 등 인간의 신체와 관련된 분야와 오늘날이라면 심리학과 윤리학 혹은 도덕철학이라 부를 인간의 정신 및 행위와 관련된 분야로 다시 나뉜다.

집단이나 사회에 속한 인간을 다루는 부분에서 베이컨은 오늘날이라면 사회학, 경제학, 정치학(혹은 어쩌면 정치철학)으로 이해할 분야와 사회과학 및 행동과학으로 이해할 분야를 가리키는 술어를 사용한다. 베이컨은 당대의 이 영역에 심각한 결함이 있다고 생각했다.

우리는 베이컨이 물리학과 더불어 형이상학과 수학을 자연철학의 세 가지 주요 갈래로 거론했다는 점에 유념해야 한다. 그러나 이미 살펴봤듯이, 고대인이 이해한 형이상학은 베이컨의 제1철학과 자연신학 혹은 신에 대한 철학에도 포함되었다.

더 큰 의문의 여지가 있는 지점은 베이컨이 수학을 자연철학의 하위 범주로 포함한 것이다. 고대인의 수학은 형이상학과 마찬가지로 자연학과 분명하게 구별되었다. 수학과 형이상학은 자연 현상에 대한 지식을 제공하지 않았다. 자연학만이 생성의 영역(운동하는 물질과 변화하는 모든 현상)을 다룬다. 오늘날 우리는 물리학을 비롯한 자연과학에 수학이 다양하게 응용되는 사실을 인정하면서도, 관찰을 중시하는 과학(경험 과학이나 실험과학)은 수학과 별개의 학문으로 여긴다. 수학은 경험적이지도 실험적이지도 않다.

베이컨의 인간철학 범주에는 지적 기예(이런저런 목표를 위해 지력을 사용하는 기예)가 포함되었다. 고대인이 자유기예라 부른 것과 중세인이 언어적 기예(문법, 수사학, 논리학)와 수학적 기예(산술, 기하학, 음악, 천문학)로 분류한 것을 대신해, 베이컨은 모든 지적 기예가 수사학의 갈래로서 논리학과 문법에 속하는 것처럼 다루었다. 베이컨은 수학적 기예는 완전히 배제했다.

논리학에 대한 베이컨의 관심은 주로 발견의 기예 혹은 오늘날이라면 경험 과학이나 실험과학의 방법론이라 부를 것에 집중되었다. 이러한 측면에서 베이컨은 아리스토텔레스의 오르가논(이 주제에 대한 아리스토텔레스의 논저)에 토대를 둔 전통적 논리학 영역 개념과 결별했다. 이것이 같은 주제를 다룬 저작을 베이컨이 『신기관』(새로운 논리학 또는 방법론)이라 명명한 이유다.

사실에 관한 지식과
하나의 단정을 다른 단정과 연결한 지식:
토머스 홉스(1588~1679)

1651년에 출간된 토머스 홉스의 『리바이어던』에서는 지식을 조직하기 위한 그의 체계와 인간 학식을 놓고 그가 그린 지도를 발견할 수 있다. 이 책은 무엇보다 국가 그리고 인간과 국가의 관계를 다루는 정치철학 논저다. 그렇지만 (인간의 본성에 집중하는) 제1부부터 인간 정신의 작동을 다루는 장들에 이어

제9장의 제목은 '지식의 여러 주제에 관하여'다. 제9장을 그대로 인용하는 것이 홉스가 내놓은 학식의 지도를 독자들에게 소개하는 가장 유익한 방법일 것이다.

지식에는 두 종류가 있다. 한 종류는 사실에 관한 지식이고, 다른 종류는 하나의 단정을 다른 단정과 연결한 결과에 관한 지식이다. 전자는 감각과 기억이며, **절대적 지식**이다. 즉 진행 중인 어떤 사실을 보거나 진행된 사실을 상기하는 것이다. 이것은 증인에게 요구되는 지식이다. 후자는 **과학**이라 불리며 조건적이다. **어떤 도형이 원일 경우, 그 중심을 지나는 직선은 모두 그 원을 이등분한다**와 같은 지식이다. 이것은 철학자, 즉 추론하는 이에게 요구되는 지식이다.

사실에 관한 지식의 기록은 **역사**라 하며 여기에는 두 종류가 있다. **자연사**라 불리는 한 종류는 인간의 의지와 아무런 관련이 없는 자연적 사실 또는 결과의 역사다. 이를테면 금속, 식물, 동물, 지역 등의 역사다. 다른 한 종류는 **시민사**, 즉 국가Common wealths에서 일어난, 사람들의 자발적 행위의 역사다.

학문의 기록은 하나의 단정을 다른 단정과 연결한 결과의 실제 사례를 보여 주는 책들로, 보통 **철학서**라고 한다. 이 책들은 다루는 내용에 따라 종류가 다양하다. 내가 다음 표에서 분류한 방식으로 그 책들을 분류할 수 있을 것이다.

여기서 언급된 표에는 체계적인 도표가 실려 있으며, 이 도표의 최상위 범주는 "철학이라고도 하는 …… 학문"이다. 이 범주의 주요 하위 범주로는 자연철학과 시민철학 또는 정치학이 있다.

자연철학에는 무엇보다 일군의 탐구 분야가 포함되며, 이 범주의 맨 위에 있는 것은 다른 모든 분야의 기반을 이루는 원리에 대한 가장 일반적인 고찰이다. 베이컨과 마찬가지로 홉스는 이것을 제1철학이라 불렀다. 자연철학에 속하는 덜 일반적인 다른 분야로는 수학, 우주지宇宙誌, 역학이 있다. 수학은 다시 산술과 기하학으로 나뉘고, 우주지는 천문학과 지리학으로, 역학은 기사技師의 학문, 건축학, 항해학으로 나뉜다.

여기서 놀라운 점은 제1철학과 수학이 자연철학에 속하는 두 번째 주요 하위 범주와 명확히 구별된다는 것이 아니라, 천문학과 기사의 학문이 (홉스가 두 번째 주요 하위 범주에 붙인 이름인) 물리학과 구별된다는 것이다.

이 두 번째 하위 범주에는 기상학, 점성술, 광학 같은 특수한 분야만이 아니라 음악까지 포함된다. 더 놀라운 점은 여기에 윤리학, 시학, 논리학, 법학까지 포함된다는 것이다.

내가 놀랍다고 말한 측면을 모두 고려할 때, 홉스의 체계는 베이컨의 전통적인 체계에서 더 벗어난 것이고, 고대와 중세에 우세했던 지식과 학식의 지도에서는 더욱 멀리 벗어난 것이다. 홉스는 자신의 체계에서 신성한 철학 또는 종교적 신학만이 아니라, 철학적 신학 또는 자연신학까지, 신학을 완전히 배제했다. 홉스가 자연철학의 한 갈래인 물리학에 윤리학 또는 도덕철학을 포함시킨 것은 똑같은 범주에 시학과 논리학, 수사학을 포함시킨 것만큼이나 이해하기가 어렵다. 이 학식의 지도에서 역사는 찾아볼 수 없다.

학문 또는 철학의 두 번째 주요 하위 범주, 즉 홉스가 자연철학과 구별되는 정치학 또는 시민철학이라 부른 것은 당연히 국가의 제도, 주권자의 권리와 의무, 신민의 권리와 의무를 다룬다. 그러나 여기서 우리는 홉스가 (분명히 권리와 의무를 다루는) 윤리학과 (홉스가 정의와 부정의에 관한 학문이라 부른) 법학을 권리와 의무가 아닌 다른 어떤 이유로 정치학과 명확하게 구별했는지 묻지 않을 수 없다.

『리바이어던』 제1권에서 인간의 본성과 정신의 작용처럼 오늘날 심리학적이라 여길 만한 내용을 다루면서도 홉스의 체계에는 심리학이 없다. 정치학 또는 시민철학에서 다루는 주제가 부(富) 및 재산과 명백한 관련이 있는데도 경제학 역시 찾아볼 수 없다.

논리학, 자연학, 윤리학:
존 로크(1632~1704)

1689년에 출간된 로크의 위대한 『인간오성론』의 제4권에는 '학문의 분류'라는 제목의 장(제21장)이 실려 있다.

이 장의 서두에서는 세 가지 범주가 제시된다. 첫째 범주는 사물의 본성과 관련이 있으며 자연학 또는 자연철학이라 불린다. 둘째 범주는 인간의 행위와 관련이 있으며 윤리학이라 불린다. 셋째 범주는 언어의 사용과 관련이 있으며 기호 이론 또는 논리학이라 불린다.

베이컨과 홉스가 먼저 내놓은 지식의 체계와 학식 영역의 지도와 비교해, 세 종류로 이루어진 로크의 체계는 더 간단하고 불충분하다. 로크의 체계를 구성하는 세 분야가 중요하면서도

서로 뚜렷이 구별되는 분야라는 것은 의심할 나위가 없다. 그러나 시학, 역사학, 정치학, 수학, 형이상학, 신학은 어떤가? 이 학문들은 로크의 체계에 들어맞지 않는다.

로마 스토아학파가 인간의 학식을 논리학, 자연학, 윤리학으로 나누면서 이걸로 충분하다고 생각한 세 부류 체계에 로크가 아무것도 더하지 않았다는 사실도 유념해야 한다.

이러한 상황은 17세기에서 18~19세기로 넘어가면서 눈에 띄게 변한다.

역사, 시학, 철학:

드니 디드로(1713~1784)와 장 달랑베르(1717~1783)

1751년부터 1780년까지 총 35권으로 간행된 프랑스의 『백과전서』는 다양한 기예와 학문 영역에서 지식의 현황을 정리했을 뿐 아니라 지식을 조직하는 일에 어느 정도 질서와 체계를 더해 주었다. 『백과전서』의 편집자인 디드로와 달랑베르는 프랜시스 베이컨에게서 심대한 영향을 받았지만, 한 가지 중요한 측면에서 베이컨의 체계와 결별했다. 그들은 종교적 신학을 철학에 포함시킴으로써 베이컨과 달리 인간의 지식과 신성한 지식의 구별을 무시했다.

디드로는 백과사전에 대한 글에서 '백과전서'라는 낱말이 지식의 모든 부분을 체계적이고도 포괄적으로 에워싼다는 뜻이라고 설명했다. 디드로는 기억력, 상상력, 이성 가운데 무엇에 의존하느냐에 따라 지식의 모든 부분을 세 부류로 나눈 베이컨의 분류법을 사용했다. 그 결과 역사, 시학, 철학이 지식 또는 학식을 조직하는 주요 범주가 되었다. 디드로는 이러한 체계를 『백과전서』「취지문」에서 내놓았고, 달랑베르는 『백과전서』의 제1권을 위해 쓴 「예비 논의」에서 이 체계를 약간 바꾸었다.

그들은 역사를 신성한 역사, 세속적 역사, 자연사로 나누었다. 시학은 이야기, 극, 우화로 이루어졌다. 이야기는 상상한 과거와 관련되고, 극은 상상한 현재와 관련되며, 우화는 추상적이거나 이론적인 문제와 관련된다. 한편 그들은 '시학'을 음악, 회화, 판화, 조각 등 모든 예술을 포함하는 뜻으로 확장해 썼다.

그들은 철학과 관련해서는 베이컨의 학문 순서에서 조금 멀어졌다. 베이컨은 철학을 신, 자연, 인간 순서로 배치했다. 프랑스 백과전서파는 자연과 인간의 위치를 바꾸어 인간을 자연 앞에 두었지만, 베이컨과 마찬가지로 첫째 자리에는 존재론 또는 형이상학 혹은 베이컨이 말한 제1철학을 두었다.

프랑스 백과전서파가 인간에 관한 학문에 포함한 것으로는 오늘날 우리가 심리학이라 부를 학문, 의사소통을 위한 학문 (자유기예인 문법, 수사학, 논리학), 정치학과 경제학, 법학을 포함하는 도덕론 또는 윤리학이 있었다. 그들은 자연에 관한 학문 가운데 수학과 물리학을 나란히 놓았다. 물리학 범주에는 천문학, 기상학, 우주학, 식물학, 광물학, 동물학이 속했다. 화학 범주에는 화학, 야금학, 연금술, 자연마술이 포함되었다. 그들은 수학을 순수수학과 응용수학으로 나누었는데, 응용수학에는 광학, 음향학, 확률론이 포함되었다.

당대의 프랑스 철학자 앙투안 오귀스탱 쿠르노는 백과전서파가 베이컨의 지식 조직법을 채택한 것을 비판했다. 그 조직법에는 베이컨의 『학문의 진보』가 출간된 이후 145년 동안 이루어진 과학적 연구의 진보가 반영되지 않았다는 이유였다. 쿠르노가 보기에 더 이상은 자연사를 자연과학과 구별할 필요가 없었다. 식물학은 동물학과 더 밀접하게 연관되어야 했고, 확률론은 광학, 조향학과 더불어 응용수학 영역보다는 순수수학 영역에 속해야 했다.

경험적 학문과 합리적 학문의 구별:
이마누엘 칸트(1724~1804)

칸트에 앞서 활동한 철학자 고트프리트 빌헬름 라이프니츠와 크리스티안 볼프는 칸트에게 지대한 영향을 미쳤다. 1700년에 라이프니츠는 당대 독일 대학의 교과과정에 토대를 둔 체계를 내놓았다. 그 교과과정은 신학, 법학, 의학, 지적 철학, 수학, 물리학, 시민사회사 또는 정치사, 문학사 또는 예술사로 이루어져 있었다.

볼프는 지식을 세 부류, 즉 경험 과학, 수학, 철학 또는 합리적 학문으로 나누었다. 그리고 다시 경험 과학을 우주론과 심리학으로, 수학을 순수수학과 응용수학으로, 철학 또는 합리적 학문을 사변적 학문과 실천적 학문으로 나누었다. 사변적 학문으로는 존재론 또는 제1철학, 우주론, 심리학이 있었고, 실천적 학문으로는 논리학, 윤리학, 정치학, 기술론이 있었다.

우리는 칸트의 저작에서 지식을 조직하는 두 종류의 명시적인 체계를 볼 수 있는데, 이 둘은 약간 다르다. 그중 하나는 1787년에 출간된 『순수이성 비판』 제2판의 「서문」에 실렸다. 여기서 칸트는 논리학 또는 방법론을 지식의 다른 모든 갈래와 구별했으며, 지식의 다른 모든 갈래를 다시 이론적 학문과 실천적 학문으로 나누었다. 이론적 학문을 물리학, 수학, 형이상학이라는 세 갈래로 분류한 것을 비롯해 칸트의 이러한 체계는 아리스토텔레스의 분류법을 따른 듯하다.

훗날의 저작인 『윤리형이상학 정초』에서 칸트는 철학 또는 자신이 '합리적 지식'이라 부른 것만을 다루었다. 칸트는 이것을 (논리학으로 이루어진) 하나의 형식적 갈래와 (물리학 또는 자연철학, 윤리학 또는 도덕철학으로 이루어진) 두 개의 실질적 갈래로 나누었다.

지금까지 살펴본 칸트의 두 체계는 모두 인간의 지식 또는 학식 전체에 대한 칸트의 철학적 접근법의 핵심을 보여 주지 않는다. 칸트에게 가장 근본적인 요점은 볼프의 선례를 따라 경험적 학문과 합리적 학문을 구별하는 것이었다. 여기서 경험적 학문은 자연과학으로, 합리적 학문은 수학 및 철학의 갈래로 여길 수 있다.

그렇지만 『순수이성 비판』의 한 장인 '순수이성의 건축술'에서 칸트는 자연과학과 수학의 구별이 어느 정도 경험에서 이끌어 낸 개념과 순전히 지성으로만 구성한 개념의 구별에 의존한다고 설명한다.

경험에서 이끌어 낸 개념을 사용하는 지식의 영역에서 칸트의 가장 근본적인 구별은 후천적 종합판단을 사용하는 지식과 선천적 종합판단을 사용하는 지식을 나누는 것이다.

칸트에게 '7+5=12'는 종합적 판단이지 분석적 판단이 아니다. 다른 이들의 생각과 달리, 이 판단은 이 수식에 쓰인 용어의 정의에서 직접 귀결되는 것이 아니다. 이 판단은 후천적인 판단이 아니라 (어떤 경험적 조사나 연구에도 근거하지 않는) 선천적인 판단이다.

칸트가 보기에 오늘날 경험 과학이라 부르는 자연과학 또는 사회과학은 모두 종합적일 뿐 아니라 후천적이기도 한 판단(경험적 조사나 연구의 결과)을 사용하는 학문이다. 이들 학문과 대비되는 것은 칸트가 말한 합리적 학문 또는 철학의 갈래로, 모두 종합적인 동시에 선천적인 판단을 사용하며, 경험적인 조사나 연구에는 전혀 기대지 않는다.

그러므로 물리학이나 심리학 같은 술어는 칸트에게 두 가지 의미가 있다. 한편에는 자연과학의 갈래인 경험적 물리학과 경험적 심리학이 있다. 다른 한편에는 칸트가 말한 초월적 철학의 갈래인 합리적 물리학과 합리적 심리학이 있다. 언뜻 보기에 칸트는 사변적 지식의 주요한 세 갈래를 물리학(자연학), 수학, 형이상학으로 여긴다는 점에서 아리스토텔레스를 따르는 듯하지만, 칸트의 비판철학은 형이상학이 사변적 사유의 갈래에 속하는 것이 타당하다는 주장을 거부한다. 이러한 거부는 신의 존재, 의지의 자유, 영혼의 불멸성에 관한 선천적 종합판단이 불가능하다는 칸트의 주장에서 비롯된다. 신의 존재, 의지의 자유, 영혼의 불멸성을 어떻게 확언하느냐는 것이 형이상학의 세 가지 주요한 문제이기 때문이다.

그러므로 우리에게 남는 것은 수학, 합리적 물리학(또는 자연철학), 합리적 심리학(또는 정신철학), 합리적 인류학(또는 인간철학)과 (역시 물리학, 심리학, 인류학을 포함하는) 모든 경험 과학이다. 그러나 이게 다가 아니다. 칸트는 사변적 지식과 대비되는 실천적 지식의 영역에서 정치학이나 법철학(합리적 법학)뿐 아니라 윤리학 또는 도덕철학까지 합리적 학문으로서 타당하다고 단호하게 옹호하기 때문이다.

마지막으로 짚어 볼 것은 인식론이라 불리게 된 새로운 탐구 분야가 칸트에게 힘입어 특별히 부각되었다는 점이다. 인식론은 칸트의 비판철학, 『순수이성 비판』의 핵심이다. 두 명의 영국 철학자 존 로크와 데이비드 흄이 칸트에 앞서 한낱 의견과 구별되는 참된 인식을 보증하거나 입증하는 근거를 검토했지만, 근대의 철학적 사유에서 인식론이 부각된 것은 칸트 덕분이다.

인식론이 부각되었다기보다 인식론이 **우위**를 점했다고 말하는 편이 옳을지도 모르겠다. 근대의 인식론은 칸트 이래 수 세기 동안 형이상학을 지식의 타당한 갈래로 인정하지 않는 경향을 보였을 뿐 아니라, 지식의 영역에서 군림하고 규제하는 학문으로서 형이상학의 위치를 대신했기 때문이다.

근대: 19세기

체계적 원리와 알파벳순 원리를 결합한 백과사전:

새뮤얼 테일러 콜리지(1772~1834)

이전 세기의 프랑스 백과전서파처럼 콜리지는 지식을 조직하는 베이컨의 체계로부터 심대한 영향을 받았다. 그렇지만 콜리지는 백과전서파만큼 그 체계를 충실히 따르지는 않았다. 콜리지가 자신이 기획한 『메트로폴리나타 백과사전』을 위해 1817년에 작성한 배열표는 이듬해에 '방법론'이라는 제목으로 이 백과사전의 제1권에 수록되었다. 지식의 갈래를 분류하고 체계화한 콜리지의 방법은 이후 『메트로폴리나타 백과사전』의 출판업자에 의해 약간 수정되었다.

콜리지의 배열표는 네 가지 범주로 구성되었다. 이 가운데 첫째 범주는 순수 학문으로 구성되었고, 다시 형식적 학문과 실재적 학문으로 나뉘었다. 형식적 학문은 보편문법 또는 문헌학, 논리학, 수학으로 이루어졌다. 실재적 학문 또는 실재에 관한 학문은 형이상학, 도덕론, 신학으로 이루어졌다.

콜리지는 두 번째 주요 범주를 혼성 학문과 응용 학문으로 나누었다. 혼성 학문은 기계학, 수력학, 기체역학, 광학, 천문학으로 구성되었다. 응용 학문은 다음과 같은 다섯 범주로 분류되었다. 1) 실험철학의 갈래: 자기磁氣, 전기電氣, 화학, 빛, 열, 색, 기상학 2) 예술: 시, 회화, 조각, 건축 3) 유용한 기예: 농업, 상업, 제조업 4) 자연사: 생리학, 결정학結晶學, 지질학, 광물학, 식물학, 동물학 5) 자연사의 응용: 해부학, 외과술, 생약학, 약제학, 의학.

콜리지의 첫째와 둘째 주요 범주를 다룬 글이 『메트로폴리나타 백과사전』의 첫 여덟 권을 이루고, 이 여덟 권 가운데 둘째 범주의 주제에 관한 글이 여섯 권을 이룰 것이었다.

콜리지의 세 번째 주요 범주를 구성할 역사와 전기傳記, 지리에 관한 글은 다음 여덟 권을 채울 계획이었다. 나머지 마지막 여덟 권에는 오늘날이라면 (항목을 알파벳순으로 배열하고 마지막에 알파벳순 색인을 덧붙이는) 어휘 사전이나 지명 사전에 포함될 글이 수록될 예정이었다.

『메트로폴리나타 백과사전』은 결국 콜리지의 구상, 즉 백과사전을 조직하기 위해 체계적 원리와 알파벳순 원리를 결합해, 처음 여덟 권은 항목을 순전히 주제별 또는 체계적으로 배열하고 마지막 스무 권은 알파벳순으로 배열하려던 구상대로 완성되지 못했다.

초판이 출간된 해(1769)부터 제15판까지 줄곧 알파벳순으로만 배열된 『브리태니커 백과사전』은 200년 넘게 살아남았다. 반면에 주제별 배열법을 일부 채택한 『메트로폴리나타 백과사전』은 인상적이었지만 실패했다. 이 백과사전이 인쇄된 기간은 그리 길지 않았다. 주요 기예와 학문에 관한 글을 주제별로 배열했으나, 백과사전을 순전히 참고 도서로 이용하기를 원했지 학식의 주요 분야 전체를 체계적으로 개관하는 용도로 쓰기를 원하지 않았던 독자들의 기대에 부응하지 못한 것이 실패의 원인일지도 모르겠다.

그럼에도 이후 『브리태니커 백과사전』을 포함해 알파벳순 백과사전을 편집한 이들은 지식의 갈래를 주요 범주로 분류한 콜리지의 방식에 영향을 받았다.

19세기뿐 아니라 20세기 들어서도 백과사전 편집자들은 기고받은 글을 분류하기 위해 그러한 범주를 사용했다. 물론 글을 받은 다음에는 순전히 알파벳순으로 배열하긴 했다.

이와 관련된 한 가지 사례는『브리태니커 백과사전』제11판의 내용 분류표에서 찾아볼 수 있다(제2장 참조). 범주를 알파벳순으로 배열하지 않은 콜리지의 배열표와 달리,『브리태니커 백과사전』의 내용 분류표는 순전히 알파벳순이었다.

근대적 방식으로 분류한 지식:
앙드레마리 앙페르(1775~1836)

프랑스의 과학자이자 철학자인 앙페르는 인생의 막바지에『과학철학 시론: 인간 지식 전체의 자연적 분류법에 관한 분석적 설명』이라는 논저를 발표했다.

여기서 지식의 갈래는 전형적인 근대적 방식으로 분류되었다. 즉 수학과 물리학을 비롯한 자연과학, 의학, 철학의 갈래, 문학과 교육학, 종족학, 정치학으로 나뉘었다.

좀 더 상세히 말하면 수학은 산술과 기하학으로 이루어졌고, 물리학에 속하거나 물리학과 연관된 학문으로는 기계학, 운동학, 역학, 천문학, 지질학, 식물학, 동물학, 농학이 있었으며, 의학에는 약제학과 위생학이 속했다.

사실 관찰에 바탕을 둔 지식:
오귀스트 콩트(1798~1857)

콩트에 따르면 인간의 지식은 세 단계를 거치며 발전한다. 첫 번째는 콩트가 신화나 미신과 동일시한 신학의 단계다. 두 번째는 형이상학, 즉 사변적 철학의 단계다. 콩트가 보기에 사변적 철학은 추상적인 사변과 근거 없는 이론으로 구성되었다. 마지막으로 근대에 이르러 실증과학으로 대표되는, 경험적으로 증명된 타당한 지식의 단계다.

인간 사유의 역사를 이렇게 서술했다는 이유로 콩트에게는 실증주의의 창시자라는 딱지가 붙었다. 실증주의는 19세기와 20세기에 여러 형태로 나타났으며, 특히 오늘날 널리 퍼져 있다.

'실증적'이라는 표현은 한낱 의견과는 구별되는 참된 지식을 나타낸다. 실증적 지식은 사실에 바탕을 둔 지식이다. 실증은 현실에 발을 딛지 않은 채 상상 속에서 사변을 하거나 이론을 세우는 것이 아니다. 실증적 방법이란 경험적 또는 실험적 방법으로서, 관찰한 사실에서 출발해 다시 관찰한 사실로 돌아오는 방법으로 입증하는 것이다. 이 방법은 관찰할 수 있는 현상만을 다룬다.

이러한 제한 조건 때문에 콩트가 경험 과학이나 실험과학과 더불어 수학을 실증적 지식에 포함한 이유를 이해하기가 어려워진다. 순수수학은 경험 과학도 아니고 실험과학도 아니다. 콩트가 수학을 포함한 유일한 근거는 자연과학이 발전하는 데, 특히 수리물리학의 갈래인 천체역학과 지구역학이 근대에 처음으로 등장하는 데 수학이 기여한 바를 콩트 자신이 인정한다는 것뿐이다. 콩트는 고대 알렉산드로스 대왕 시대에 천문학과 역학을 탐구한 학자들이 수리물리학자이기도 했음을 몰랐던 게 분명하다.

콩트가 말한 실증과학의 여섯 범주는 연구하는 현상이 얼마나 단순하거나 복잡한가에 따라, 그리고 탐구하는 대상이 상대적으로 얼마나 추상적이거나 구체적인가에 따라 그 위계가 정해진다. 그 결과 참된 학식의 영역을 완전히 구성하는 학문의 위계는 수학, 천문학, 물리학, 화학, 생물학과 생리학, 사회학 또는 콩트가 말한 사회철학 순서로 정해진다.

콩트의 시대 이래로 학문이 어마어마하게 발전하고 또 각각의 범주에서 전문적 분과가 급증한 현실을 고려해, 여기서는 과학적 지식을 이루는 콩트의 이 여섯 범주를 더 나누지 않겠다. 그보다 더 중요한 것은 콩트가 학식의 영역에서 생략하거나 제외한 것들로서, 이러한 생략과 제외는 지식의 조직화에 접근하는 콩트의 실증주의적 방법의 특징이다.

우선 콩트는 원칙에 따라 이론적 또는 사변적 철학(형이상학, 자연철학, 정신철학)만이 아니라, 실천적 철학(윤리학과 정치학)까지 제외했다. 그리고 아무런 이유도 내놓지 않고 정치사와 문화사를 포함하는 역사를 생략했다. 마지막으로 시를 비롯한 예술에 대해 언급하지 않았으며, 전통적인 자유기예인 문법과 수사학, 논리학도 고찰하지 않았다.

콩트는 사회학 또는 사회철학 범주에 정치과학, 정치경제학, 사회인류학을 포함했으나 자연인류학은 배제했다. 또한 콩트는 인간과 동물에 관한 경험적 심리학을 행동과학의 한 갈래로 인정하지 않은 듯하다.

자연과학과 인문학으로 나눈 지식:
빌헬름 딜타이(1833~1911)

　지식을 주요한 두 분야로 나눈 딜타이의 분류법은 지금까지 검토한 근대의 다른 지식 체계와 확연히 다르다. 두 분야 중 하나는 비인간적 현상과 인간의 정신적 과정 및 행위와 관련된 자연과학이고, 다른 하나는 딜타이가 역사와 전기, 경제학, 정치학, 법, 도덕철학, 종교, 시, 건축, 음악을 포함한 인문학이다.

　이러한 두 가지 기본적인 범주는 독일어 '자연과학'과 '정신과학'으로 표현하는 편이 더 정확할 것이다. (영어로는 '인문학'이라고 부적합하게 표기하는) 정신과학은 탐구 대상을 고찰하는 방법에 따라 다시 나뉜다. 한편에는 경제학과 정치학, 인간의 도덕적·사회적 생활에 역사적으로 접근하는 방법이 있고, 다른 한편에는 경제학, 사회학, 심리학, 도덕철학과 정치철학 같은 분과에서 동일한 주제에 체계적으로 접근하는 방법이 있다. 따라서 시도 역사적으로 탐구하거나 문예비평의 영역에서 체계적으로 접근할 수 있다.

추상성과 구체성으로 조직한 지식:

허버트 스펜서(1820~1903)

콩트와 마찬가지로 스펜서는 당대에 인정받은 학문 또는 분과를 체계적으로 조직하는 방법을 내놓았다. 콩트와 달리 스펜서는 실증주의자가 아니었다. 스펜서는 지식의 영역에서 철학 전체를 배제하지 않았는데, 그 자신이 도덕철학 또는 윤리학에 기여하려 했기 때문이다. 스펜서는 일부는 과학적이고 일부는 철학적인 분과도 배제하지 않았다. 그렇지만 콩트와 마찬가지로 스펜서는 역사나 시, 기타 예술을 거의 고찰하지 않았다.

스펜서는 상대적인 추상성이나 구체성을 기준으로 학문을 조직했다. 예를 들어 스펜서는 먼저 논리학과 수학을 추상적인 학문에 포함시켰고, 두 번째로 기계학, 물리학, 화학을 추상적이면서도 구체적인 학문으로 여겼으며, 마지막으로 천문학, 지질학, 생물학, 심리학, 사회학을 구체적인 학문으로 꼽았다.

지식을 조직하기 위한 콩트와 스펜서의 체계는 어떻게 보면 박물관의 전시품 같다. 두 체계 모두 오늘날 우리에게 유의미한 문제라기보다 역사적 기록의 문제에 더 가깝다. 프랜시스 베이컨이 지식의 전 영역을 탐색하기 위해 내놓은 지도, 프랑스의 백과전서파를 비롯한 이들이 베이컨의 체계를 받아들여 수정한 체계와 달리, 콩트와 스펜서의 체계는 충분히 포괄적이지 못하다. 이 체계를 짜면서 그들이 사용한 원리는 베이컨이 사용한 원리보다 비판의 여지가 훨씬 많다.

III

백과사전의 결함을
치유하기 위한
현대의 노력

10 ⌐ **20세기의 제안**

    학식의 영역을 지도로 나타내고자 했던 시도를 개관하는 작업은 20세기의 몇몇 특징적인 시도를 포함하지 않는다면 불완전할 것이다. 이 장과 그다음 두 장에서는 그러한 시도를 간략하게 서술하고 그 시도가 우리에게 필요한 길잡이가 되지 못하는 이유를 설명할 것이다.

    금세기 전반기에 지식의 조직이라는 관점에서 도서관 장서의 분류 문제를 다룬 책이 여럿 등장했다. 그중 세 권은 미국인이 쓴 것으로, E. C. 리처드슨의 1930년 작 『이론적 · 실제적 분류』, H. E. 블리스의 1929년 작 『지식의 조직과 학문의 체계』와 1933년 작 『도서관에서의 지식의 조직』이다. 미국인의 이러한 시도가 도서관의 장서 배열에 대한 영국인의 이전 저작(1898년에 출간된 J. D. 브라운의 『분류와 서가 배열을 위한 안내서』)의 영향을 받았다는 사실은 꼭 언급되어야 한다.

리처드슨의 체계를 좌우한 것은 그가 분명하게 드러내 보인 "학문의 순서는 곧 만물의 순서다."라는 원리와 "만물의 순서는 무생물, 생물, 인간, 초인간 순이다."라는 그의 언명이다. 그러므로 그의 체계에서 학문은 무생물에 관한 학문에서 생물을 다루는 학문으로, 그런 다음 인간의 삶과 사회를 다루는 학문 또는 분과로 나아가며, 마지막에 종교 또는 신학으로 나아간다.

블리스가 제안한 실증적 학문의 체계는 오귀스트 콩트가 제안한 체계(수학, 물리학, 화학, 생물학, 인류학, 사회학)와 흡사하지만, 블리스가 바라보는 학식의 전 영역에는 실증적 학문 외에 철학, 역사학, 지리학, 종교, 정치학, 예술 등도 포함된다.

블리스는 인간 지식의 네 가지 기본 영역이 철학, 과학, 역사, 기술과 기예라고 보았다. 지식의 조직에 관한 블리스의 책에는 서로 다른 원리를 토대로 서로 다르게 구성한 개요표가 실려 있다. 그중 하나는 자연의 순서에 맞게 짜였고, 다른 하나는 탐구해야 할 대상의 교육학적 순서를 내놓은 것이며, 또 다른 하나는 탐구해야 할 주제의 논리적 순서를 늘어놓은 것이다.

내가 보기에 이 세 가지 개요표는 여기에 그 일부를 수록할 만큼 흥미롭게 구성되었다. 독자들은 이 표를 훑어보면서 전반적인 취지만 이해하면 된다.

자연의 순서	교육학적 순서	논리적 순서
물질, 재료, 실체	과학과 철학	과학과 철학
매질(공기, 전기 등)	자연과학	자연과학
에너지, 관계	응용역학, 공학	물리학
물리적 작용과 상태	화학	화학
화학적 성분과 작용	천문학	전문적 자연과학
물체, 구조(비유기체)	지질학	천문학
유기체	생물학, 식물학, 동물학	지질학
정신	인류학	생물학
사회, 공동체, 종족집단,	심리학	인류학
사회 집단	사회과학, 사회학	심리학
	미학, 기술	교육
	문헌학	사회학
		기예(예술, 유용한 기예,
		오락적 기예)
		문헌학

1970년, 블리스는 1933년에 처음 내놓았던 도서 분류법을
수정했다. 다음에 그 분류법의 주요 범주 일람표를 수록했다.

철학(철학의 갈래, 동양 철학사와 서양 철학사)	역사
	종교
논리학	사회복지
수학	정치학
통계와 확률	공공행정
물리학과 과학기술	법
생명과학	경제학
인류학	금융, 은행업, 보험
의학	기술과 유용한 기예
심리학	예술
교육	문헌학
사회과학	

이 도서분류법(여기서는 간략하게 줄여서 수록했다)은 이 자체의 관점에서, 그리고 이 자체의 목표를 감안하여 고찰해야 한다. 이 분류법은 도서관의 서가에 책을 질서정연한 방식으로 올려놓기 위한 체계로, 몇몇 측면에서 듀이 10진 분류법이나 미국 의회도서관의 체계보다 뛰어나다. 분명 이 체계는 대학에서 학과를 순전히 알파벳순으로 배열한 방법이나, 백과사전에서 항목을 알파벳순으로 조직한 방법보다 유익하다. 그렇지만 명확한 철학적 원리에 토대를 둔 지도에서 얻는 깨달음이나 이

해에는 한참 미치지 못한다.

그러한 지도는 고대와 중세에 존재했고(제5장과 제6장 참조), 근대에도 특히 베이컨, 칸트, 콜리지의 저작에서 찾아볼 수 있다(제7장, 제8장, 제9장 참조). 그러나 현재를 사는 우리가 흔쾌히 받아들일 만하거나 우리에게 딱 맞는 지도는 없다.

그 지도들은 아직까지 우리와 관련이 있는 약간의 통찰과 분별을 담고 있고, 우리에게 약간의 길잡이를 준다. 그러나 지식의 전 영역과 인간 학식의 세계를 오늘날 우리가 받아들일 만하거나 우리에게 맞는 지도로 나타내는 과제는 아직 다 이루어지지 않았다.

아직 남은 이 과제와 씨름하기에 앞서 같은 방향으로 나아가려 했던 두 가지 시도를 살펴볼 필요가 있다. 그중 하나인 프로피디아Propaedia, 즉 '지식의 골자'는 1974년 『브리태니커 백과사전』 제15판의 일부로 출간되었고, 1985년판에서 개정되었다. 다른 하나인 신토피콘Syntopicon은 위대한 관념의 색인으로, 1952년에 『서양의 위대한 책들』Great Books of the Western World과 함께 출간되었다. 뒤이은 제11장과 제12장에서 이 두 가지 시도를 자세히 살펴볼 것이다.

프로피디아

1949년부터 1974년까지 로버트 M. 허친스가『브리태니커 백과사전』의 편집위원장을 지낸 25년 동안, 편집위원회에서 가장 집요하게 논의한 성가신 문제는 다음 판을 알파벳순으로 조직할 것인지 아니면 주제별로 조직할 것인지를 결정하는 일이었다.

제14판까지『브리태니커 백과사전』는 줄곧 A부터 Z까지 알파벳순으로 단일한 연쇄를 이루는 항목으로 조직되었다. 그렇지만 1768년 초판에서는 단일한 알파벳순 연쇄에서 정보만을 담고 있는 짧은 항목과 지식이나 학식의 주요한 분야를 상세히 설명하는 긴 글(또는 에세이)을 서로 다르게 조판해 분명하게 구별했다.

1950년대 전체와 1960년대 초에 편집위원회는 새로운『브리태니커 백과사전』, 즉 제15판을 구상하는 임무를 맡았다. 이 과제에 직면한 편집위원들은 회기마다 알파벳순 배열과 상반되는 주제별 배열의 장점에 대해 논의했다.

당시만 해도 우리가 논의 쟁점의 장단점을 평가할 때 참고할 수 있는 백과사전은 주제별로 조직된『프랑스 백과사전』Encyclopédie française뿐이었다. 그 목차는 앞으로 다룰 내용의 배경지식으로 검토할 가치가 있다.

애초에 20권으로 계획된 이 백과사전의 각 권 제목은 다음과 같았다.

I. 사유, 언어, 수학
II. 물리학의 문제
III. 우주와 지구
IV. 생명
V. 생명체
VI. 인간
VII. 인류
VIII. 정신생활
IX. 경제·사회 연구
X. 근대 국가
XI. 세계의 국가
XII. 화학과 산업
XIII. 산업과 농업
XIV. 일상문화

이 목록을 보면 역사는 꽤나 길게 다루지만 전기와 지리학은 분명하게 다루지 않는다는 것을 금세 알아챌 수 있을 것이다. 제1권은 총론 이후 세 부분으로 나뉜다. 1) 원시적·논리적 사유의 진화, 2) 언어 자료의 구조, 언어의 종류, 문자와 표기체계 등을 다루는 언어, 3) 수학의 여러 갈래.

제2권은 세 부분으로 이루어진다. 제1부는 역학, 전자기학, 열역학, 제2부는 원자과학, 제3부는 상대성, 파동역학, 방사放射, 핵물리학이다.

제3권은 우주와 지구를 다룬다. 우주 부분은 태양계, 태양과 항성, 은하계, 우주 진화의 문제 등이며, 지구 부분은 지구, 지구의 지각과 지형이다.

제4권은 다섯 부분으로 나뉜다. 1) 생명의 기원, 2) 생물의 물리적 구조와 화학적 조성, 3) 생물의 조직, 4) 세포의 활동, 5) 동물의 양분과 생존.

제5권의 제1부에서는 식물상과 동물상을 다루고, 제2부에서는 생물의 분포를 다룬다.

제6권의 제1부에서는 평범한 건강 상태인 인간의 물리적 수명을 고찰하고, 제2부에서는 인간의 병(질병, 고등의학 분과의 현황, 의술)을 다룬다.

제7권은 인간 종과 관련이 있으며 인류학, 종족지ethnography, 종족학ethnology으로 나뉜다. 인류학은 인간 집단의 다양성을 고찰하고, 종족지는 사람과 인종을 고찰하며, 종족학은 인구와 성性을 다룬다.

제8권은 인류의 단계와 관련이 있으며 인간의 특성과 정신분석에 관한 연구를 담고 있다.

제9권은 통계자료, 사회 발전의 동력, 경제학의 기능, 부의 분배, 인간의 욕구 충족과 그 비용, 경제적 문제와 쟁점, 새로운 경제의 출현 등 사회적·경제적 세계를 다룬다.

제10권은 국가를 다루며 다섯 부분으로 이루어진다. 1) 국가의 역사, 2) 정치적 정보, 3) 정치 제도, 4) 정치활동, 5) 국제관계.

제11권은 국제적 문제에 관한 내용으로, 국제적 갈등의 원인, 국경선을 가로지르는 경계선, 국가들의 연합, 세계 무대를 고찰한다.

제12권은 화학을 다루며 우선 과학으로서의 화학을 고찰하고, 그다음 화학의 중요성을 살펴보며, 마지막으로 인간 신체의 화학작용을 다룬다.

제13권은 산업과 농업의 기술 그리고 인간이 산업과 농업을 이용하는 방식을 다룬다.

제14권은 인간의 공간, 거주 구역, 영양 섭취, 의복, 오락 등 인간의 일상생활을 다룬다.

제15권은 교육과 지도指導를 다룬다. 우선 자유주의 전통과 제도를 갖춘 나라의 교육 유형을 고찰하고, 이어서 유럽의 독재국 세 나라와 비유럽 나라의 교육을 고찰한다. 그런 다음 교육학적 방법과 문화의 목표를 정리하고, 끝으로 교육에 영향을 미치는 다수의 정치적·사회적 문제를 다룬다.

제16권과 제17권에는 각각 예술과 문학이라는 제목이 붙어 있다. 이처럼 일반적인 제목을 달고 있음에도 제16권은 노동자와 소비자를 다루고, 제17권은 노동자와 소비자의 상호작용을 다룬다.

제18권은 문명국가에서 글쓰기의 역할과 관련이 있다. 우선 그래픽아트를 다루고, 이어서 책의 중요성과 출간 및 유통을 살펴본 다음 잡지와 신문을, 마지막으로 도서관을 다룬다.

제19권은 철학과 종교에 관한 내용이다. 철학을 다루는 부분은 오늘날의 철학적 문제와 해결책 등을 포함하는 현대 철학의 주요 흐름을 살펴본다. 철학의 학설에 대한 상세한 설명도 여기에 포함된다. 종교를 다루는 부분은 다시 세 부분, 즉 종교현상학, 종교의 역사와 사회학, 현대 종교의 정신으로 나뉜다.

마지막으로 제20권은 변화하는 세계(역사, 진화, 미래)를 고찰한다.

20권의 내용에 대한 이러한 기술은 여러 면에서 이 백과사전을 처음 기획했을 때의 목차와 다르다. 편집자들은 한 권씩 차례로 진행하는 동안 이런저런 이유를 대며 방침을 바꾸어야 한다고 판단했다.

이 사실은 주제별 백과사전을 구성해 나갈 때 불가피하게 발생하는 듯한 한 가지 난관을 보여 준다. 또 다른 난관은 주제를 교육학적으로 배열하는 방법과 주제나 지식의 다양한 부문을 논리적으로 배열하는 방법이 서로 충돌하기 때문에 발생한다. 『프랑스 백과사전』의 편집자들은 한 권에서 다른 권으로 나아갈 때만이 아니라 각 권을 구성하는 동안에도 초점을 바꾸었던 것이 분명하다. 덧붙여, 무대의 중심을 차지하는 주제와 달리 생략되거나 간과되거나 지나가는 듯이 언급되거나 부차적으로 다루어지는 주제와 관련해서도 문제가 발생한다.

『브리태니커 백과사전』의 편집위원회는 알파벳순 조직법과 비교해 주제별 조직법의 장점과 단점이 무엇인지 가늠하는 동안, 주제별 백과사전을 계획하고 구성하는 일과 관련된 이 모든 난관과 문제에 이목을 집중했다. 이와 관련한 논쟁이 얼마나 오랫동안 계속되었을지 또 어떻게 결론이 났을지는 알 수 없다. 『브리태니커 백과사전』의 발행인이자 브리태니커 백과사전사의 이사회 의장인 상원위원 윌리엄 벤턴이 편집위원회를 대신해 결정을 내렸기 때문이다.

벤턴은 편집위원 회의에 여러 차례 참석했다. 벤턴은 상업적으로 실패할 가능성이 있는 주제별 백과사전의 출간을 거부했다. 19세기에 콜리지의 『메트로폴리나타 백과사전』이 그러한 실패를 겪었고, 『프랑스 백과사전』의 역사도 20세기에는 상황이 다를 것이라는 확신을 주지 못했다. 무언가를 찾아보려는 목적으로, 즉 백과사전을 참고 도서로 사는 이들의 바람을 손쉽게 채워 주지 못하는 주제별 백과사전을 판매할 만큼 큰 시장은 없는 듯했다. 설령 주제별 백과사전에 알파벳순 색인을 수록하더라도, 참고 도서용으로는 주제별 백과사전보다 알파벳순 백과사전이 훨씬 나았다.

논의를 하는 와중에 편집위원장 허친스가 절충안을 제안했다. 허친스는 백과사전 전체를 두 개의 부분집합으로 나누자고 제안했다. 한 집합은 특정한 인물, 장소, 사물에 대한 정보(전기와 지리에 관한 글, 특정한 단체, 사건, 물체에 대한 서술)를 제공한다. 다른 집합은 지식의 모든 부문과 예술, 과학, 학문의 모든 영역의 주요한 주제에 대해 포괄적으로 설명한다. 첫 번째 부분집합은 항목을 찾기 쉽게 알파벳순으로 배열하고, 두 번째 부분집합은 특정한 주제를 샅샅이 공부하려는 이들을 위해 주제별로 배열하는 방식이었다.

이 제안도 거부되었다. 제15판이 완성되어 출간되고 로버트 허친스에 이어 내가 편집위원장을 맡은 1974년, 나는 『브리태니커 백과사전』의 신판에 주제별 구성을 적용하자고 다시 제안했고 편집위원회와 경영진은 또 한 번 이 제안을 거절했다.

나는 편집위원회가 발족한 1949년부터 줄곧 편집위원으로 활동했고, 1965년에는 『브리태니커 백과사전』 제15판의 편집 계획 책임자가 되었다. 마침내 제15판 출간에 앞서 편집 계획과 관련해 숙고했던 사안 가운데 한 가지 혁신적인 변경안이 채택되었다. 그 변경안은 백과사전 전체를 두 개의 부분집합으로 나누는 것이었다. 한 집합에는 주로 정보를 전달하는 짧은 항목을 아주 많이 수록하고, 다른 집합에는 지식의 모든 영역에서 주요한 주제에 대한 긴 항목을 소수만 수록한다. 그리고 두 부분집합의 항목(짧은 항목은 '마이크로피디아'를 이루고 긴 항목은 '매크로피디아'를 이룬다)은 알파벳순으로 배열한다.

급진적이긴 했지만 제15판의 이러한 변화는 사실 『브리태니커 백과사전』 초판에서 정보를 전달하는 짧은 항목과 지식의 조직 현황을 상세히 설명하는 길고 학문적인 글을 달리 조판해 구별했던 전례를 반영하는 것이었다. 이 계획은 1985년 제15판의 개정판에서 실현되었다.

제15판을 계획하는 동안 주제별 배열 대 알파벳순 배열이라는 쟁점을 해소하려는 더 급진적인 혁신안이 나오기도 했다. 항목과 색인을 알파벳순으로 배열해야 한다는 결정을 바꿀 수 없는 상황에서, 우리는 백과사전의 내용에 알파벳순만이 아니라 주제별로도 접근할 수 있는 방안을 고안해 독자들에게 제공하려 했다.

그 방안은 '지식의 골자'라는 형식을 취했으며, 알파벳순 배열을 채택한 이전 판본들보다 제15판을 더 명료하고 체계적인 방식으로 편집하기 위한 설계안인 동시에, 특정한 주제의 영역 전체나 학식의 특정한 부문을 오랫동안 공부하려는 독자들을 위한 분석적 목차가 될 것이었다. 우리는 이 '지식의 골자'가 백과사전 전체에 대한 읽기 쉬운 소개글 역할을 할 것이라고 생각해 이것이 담긴 권을 '프로피디아'라고 불렀다.

매크로피디아에 수록할 긴 글들을 위한 목차로 프로피디아를 구상한 우리는 '지식의 골자'에서 열거하는 수천 개의 주제에 참조 페이지를 표시했다. 그 후 개선 작업에서는 이 참조 페이지 표시를 없애고 프로피디아를 하나의 정교한 탐구의 길잡이 또는 일군의 길잡이로 바꾸었다. 우리는 '지식의 골자'를 이루는 186개의 단락에서 참조 페이지를 모두 없앤 뒤, 매크로피디아와 마이크로피디아의 항목 각 단락에서 다루는 주제와 관련이 있는 항목을 대신 표시했다. 이렇게 개선된 프로피디아는 1985년에 처음 선을 보였다.

'지식의 골자'를 처음 구성하는 데는 8년이 걸렸으며, 당시 『브리태니커 백과사전』의 총괄 편집자이자 지금은 편집장인 필립 괴츠의 지휘 아래 고참 편집자들이 이 작업에 참여했다. 또한 이 골자에서 다루는 지식과 학식의 모든 분야에서 활동하는 학계 전문가들이 자문을 맡았다.

　중요한 점은 프로피디아를 만들어 내는 일이 방대한 협업이었다는 사실이다. 그 점에서 인간 학식의 전 영역을 보여 주는 프로피디아의 지도는 앞에서 거론했던 지도들, 특히 17세기 이래로 오로지 개인이 만들어 낸 지도들과는 달랐다.

　1985년판 프로피디아에 처음 실린 '지식의 골자'의 개요를 내놓기에 앞서, 전체 10부의 순서와 관련해 한 가지 사실을 꼭 짚고 넘어가야겠다. 10부의 제목은 다음과 같다.

제1부　물질과 에너지

제2부　지구

제3부　지구의 생명

제4부　인간의 생애

제5부　인간 사회

제6부　예술

제7부　기술

제8부　종교

제9부　인류의 역사

제10부　지식의 갈래

나는 프로피디아의 서문으로 쓴 「학식의 원圓」에서 이 10가지 부분을 내림차순이나 오름차순으로 배열하지도 않았고, 더 근본적인 부분에서 덜 근본적인 부분으로, 혹은 더 단순한 부분에서 더 복잡한 부분으로 나아가는 위계적 방식으로 배열하지도 않았다고 말했다. 논리적이거나 교육학적인 방식으로 배열하지도 않았다.

그 이유는 이렇다. 우리는 문화적 다원주의 및 지적 이설異說이 지배하는 시대와 사회에서 살고 있다. 그러므로 지식의 부문이나 학식의 영역을 위계적으로 배열하려는 시도, 즉 무엇이 더 근본적이고 중요하고 유의미한지에 대한 판단 또는 논리적이거나 교육학적인 이유 때문에 무엇을 먼저 공부하고 무엇을 나중에 공부해야 하는지에 대한 판단이 따르는 가치를 척도로 삼아 오름차순이나 내림차순으로 배열하려는 시도는 오늘날 받아들여지지 않을 것이다. 그러한 배열은 문화적 다원주의가 아닌 획일주의로 여겨지거나, 지적 이설이 널리 퍼진 상황에 순응하지 않는, 순전히 주관적인 정설의 표현으로 여겨질 것이다. 그러한 배열은 마땅히 표현해야 하는 공적 합의를 외면하고 편향된 방식으로 개인의 독선적인 의견을 표현한 것으로 여겨져 조목조목 비판받을 것이다. 그러한 까닭에 학식의 '사다리'는 배제된다. 학식의 모든 부분은 원 위의 점들처럼 서로 대등한 관계로 다루어져야 한다.

『프랑스 백과사전』처럼 완전한 주제별 백과사전을 구성할 때 맞닥뜨릴 수밖에 없는 난관과 곤경이 주제별 '지식의 골자'를 구성할 때도 걸림돌이 될 터였다. 지식의 부문이나 학식의 영역을 어떤 식으로든 위계적으로 배열할 때는 가치판단을 내려야 하기 때문이다.

이 모든 이유 때문에 나는 '지식의 골자'를 이루는 10부가 하나의 원을 이루며 어떤 부분도 다른 부분보다 앞서거나 뒤처지지 않는다고 분명히 말했다. 10부는 제각기 원 위의 다른 부분으로 가는 출발점이 될 수 있었다. 각 부분은 원의 중심에서 반지름을 따라서 원주 위에 있는 나머지 9부로 나아가는 초점이 될 수 있었다.

프로피디아의 '지식의 골자 개요'는 주의 깊게 살펴볼 가치가 있다. 이 개요는 다른 어떤 체계보다 포괄적인 동시에 우리 시대의 지적 이설에 부응하는, 지식을 조직하기 위한 20세기의 체계를 나타낸다. 이 개요를 부록 1에 수록했다. 독자들이 이 책의 결론을 읽은 뒤에 부록 1을 각별히 관심 있게 펼쳐 보기를 바란다.

여기서는 이 골자의 제10부인 '지식의 갈래'만을 살펴보겠다. 제10부는 다음처럼 5개 장으로 나뉜다.

I. 논리학
　논리학의 역사와 철학
　형식논리학, 메타논리학, 응용논리학

II. 수학
　수학의 역사와 토대
　수학의 갈래
　수학의 응용

III. 과학
　과학의 역사와 철학
　물리과학
　지구과학
　생명과학
　의학과 관련 분과
　사회과학과 심리학
　기술과학

IV. 역사와 인문학
　역사 서술과 역사 연구
　인문학과 인문학적 학식

지식의 갈래를 이렇게 배열한 것을 비판적으로 검토해 보자.

한 가지 검토할 점은 제10부가 나머지 9부와는 근본적으로 다르다는 사실이다. 제1부에서 제9부까지는 자연과 인간의 세계에 관한 지식을 담고 있다. 여기에 실린 주제들은 과학자들과 학자들이 각자의 분과에서 자연 현상, 인간의 삶, 인간 사회(제도, 예술, 기술, 종교, 역사)를 연구해서 얻을 수 있는 학식을 가리킨다. 나머지 9부와 확연히 다른 제10부는 (세 가지 예외가 있긴 하지만) 분과, 즉 지식의 갈래 자체(범위, 역사, 방법, 하위 분과, 문제)를 다룬다.

세 가지 예외란 제10부의 '논리학', '수학', '철학' 장이다. 이 세 장 각각의 첫 단락은 학문 자체의 특성, 즉 학문의 범위와 역사, 방법을 다룬다. 그러나 다른 단락들은 논리학, 수학, 철학을 탐구해서 얻을 수 있는 지식이나 학식을 내놓는다. 선행하는 9

부가 물리학, 천문학, 화학, 지구과학, 생물학, 심리학, 사회과학 등의 학설과 이론을 내놓는 것처럼, 그 단락들은 논리학, 수학, 철학의 학설과 이론을 내놓는다.

그렇다면 우리는 논리학, 수학, 철학을 나머지 9부에서 그 학설과 이론을 다루는 지식의 다른 갈래와 함께 제10부에 배치한 것이 과연 적절했는가라는 문제에 직면한다.

논리학과 수학은 탐구의 대상(물질계에 존재하지 않는 순전히 지적인 대상)이 특별하다. 이와 정반대로 자연과학이든 사회과학이든 경험 과학은 실제로 존재하는 현상계를 탐구하고 연구한다. 논리학, 수학과 마찬가지로 철학의 몇몇 갈래 또한 순전히 지적인 대상을 다루지만, 철학의 다른 갈래는 철학과는 확연히 다른 방법으로 연구하는 경험 과학과 동일한 대상을 다룬다. 이러한 사실 때문에 논리학과 수학을 비롯한 지식의 다른 갈래와 더불어 철학을 제10부에 배치하는 것은 특히 골치 아픈 문제가 된다.

철학의 경우 난점이 하나 더 있는데, 나머지 9부의 곳곳에서 등장하는 법철학, 교육철학, 예술철학 등이다. 역사와 관련해서도 비슷한 문제가 생겨난다. 제9부는 인류의 역사를 다루지만, 그 역사란 주로 사회사와 정치사다. 문화사와 지성사는 대부분 다른 부에서, 즉 법체계의 역사, 교육의 역사, 예술의 역사 등은 제1부부터 제9부까지에서, 논리학, 수학, 철학과 다양한 경험 과학을 비롯한 다른 학문의 역사는 제10부에서 찾아볼 수 있다.

이러한 난점은 지식의 전 영역에서 철학과 역사의 아주 특별한 성격에 관한 물음을 불러일으킨다. 나는 제14장에서 그 물음에 다시 주목할 것이다. 이 쟁점에 대한 논의는 내가 이 책의 결론에서 독자들에게 제공하겠노라 약속한 길잡이와 관련해 대단히 중요한 의미가 있다.

프로피디아의 '지식의 골자'의 한층 심각한 결점을 하나 더 고찰해 보자. '지식의 골자'는 백과사전에 포함하는 것이 적절한 지식 부류 또는 학식 부문의 골자인데, 백과사전에서 다루는 철학은 필연적으로 학계의 철학 교수들이 학생들에게 가르치는 학설과 이론에 대한 설명으로 국한된다. 그러나 그처럼 학구적이거나 전문적인 철학(나는 '교수다운 철학'이라고 말하고 싶다)은 비전문가를 위한 철학, 즉 모든 사람이 관심을 쏟거나 쏟아야만 하는 철학이 아니다.

모두를 위한 철학의 목표는 어떤 주제에서도 근본 원리와 전체를 조망하는 통찰을 제공하는 위대한 관념을 이해하는 것이다. 기예와 학문, 학식의 다양한 부문을 탐구하기 위한 종합적 접근법은 위대한 관념을 이해하는 데서 비롯되는 근본 원리와 통찰이라는 관점에서 생각해야 한다.

백과사전에서는 위대한 관념을 충분히 다루지 못한다. 백과 사전은 과학적 연구와 학구적 탐구의 결과물인 정보와 조직된 지식을 독자들에게 제공한다. 백과사전은 철학적 이해와 시적 통찰을 포함하지 않으며, 사변적 지혜나 실천적 지혜를 제공하지 않는다.

위대한 관념과 그 주위를 맴도는 쟁점 및 논쟁을 철저히 검토하고 분류하려면 다른 책을 참조해야 한다. 공부를 위한 안내서에 실린 위대한 관념의 중요성을 고찰하려면, 백과사전에 신기에 적합한 지식을 다루는 프로피디아의 '지식의 골자'에서 『서양의 위대한 책들』로 주의를 돌려야 한다.

프로피디아의 '지식의 골자'와 『브리태니커 백과사전』이 밀접한 연관이 있듯이, 위대한 관념을 열거하고 그들 관념 각각에 관한 글을 수록한 신토피콘은 『서양의 위대한 책들』과 밀접한 연관이 있다. 이 공부 안내서에서 신토피콘이 우리에게 어떤 쓸모가 있느냐는 것이 다음 장의 주제다.

12 신토피콘

『서양의 위대한 책들』은 시카고대학교에서 기획하기 시작했다. 당시 로버트 허친스가 시카고대학교 총장이었고 나는 교수였다. 이 기획은 1943년에 『브리태니커 백과사전』의 발행인이 된 윌리엄 벤턴이 같은 해에 제안했다.

허친스가 편집장, 내가 부편집장을 맡아 많은 학자들과 8년간 협업한 이 작업의 산물은 1952년에 54권으로 출간되었다. 여기에 더해 『서양의 위대한 책들』과 함께 출간할 신토피콘을 만드는 일까지가 나의 책임이었다. 신토피콘은 위대한 책의 저자가 자기 책에서 위대한 관념의 내적 구조를 이루는 주제를 논하는 위치를 알려 주는 도구였다. 신토피콘은 102개의 위대한 관념과 약 3,000개의 주제로 조직되어 한 질을 이루는 두 권에 실렸기 때문에 '위대한 관념' 또는 '신토피콘'(새로 만든 낱말인 '신토피콘'은 주제의 집합을 뜻한다)이라 부르게 되었다.

편집위원회가 『서양의 위대한 책들』을 구성할 저자와 저작을 선별하는 데만 3년이 넘게 걸렸다. 신토피콘은 35명이 넘는 편집자들이 6년간 총 40만 시간 동안 문헌을 읽은 작업의 결과물이다. 이에 앞서 2,500년에 걸친 서양 문명에서 논의와 논쟁의 중심이었다는 의미에서 '위대한' 관념이 무엇인지를 결정하는 데 2년이 걸렸다. 호메로스부터 프로이트까지 2,500년을 가로지르는 저자 74명의 저작 443편의 지적인 내용을 색인으로 만드는 일은 과장하지 않고 말하더라도 대단히 부담스러운 과제였다.

프로피디아가 백과사전에 수록된 정보와 조직된 지식에 독자들이 주제별로 접근하게 해 주는 것처럼, 신토피콘은 『서양의 위대한 책들』에서 논하는 관념에 독자들이 주제별로 접근하게 해 준다. 신토피콘을 편집하면서 직면한 문제는 프로피디아를 편집하면서 직면한 문제와 같았다.

앞서 보았듯이 프로피디아의 경우 문제는 '지식의 골자'의 10개 부를 조직하는 방법(오름차순이나 내림차순의 직선형으로 할 것이냐 아니면 10부 각각을 다른 부들과 동격인 원형으로 할 것이냐)이었다.

신토피콘의 경우에도 우리는 비슷한 문제, 즉 위대한 관념

102개를 어떻게 내놓을 것인가 하는 문제에 직면했다. 그 가치와 위대한 정도를 고려해 어떤 관념을 다른 관념보다 우선하거나 상위에 놓아야 하는가, 아니면 상위와 하위를 구별하지 않고 모든 관념을 동격으로 여겨야 하는가?

우리의 결정과 그 이유는 두 경우 모두 같았다. 우리는 20세기의 다원주의적 문화와 지적 이설이 위대한 관념이나 지식의 부분을 위계적으로 배열하는 가치판단을 용인하지 않을 것이라 생각했다. 자기가 직접 쓴 책에 서명을 하는 개인 저자라면 그러한 가치판단을 주장하거나 옹호할 수 있을지도 모른다. 그러나 프로피디아와 신토피콘처럼 많은 이들이 협업해 내놓은 산물에는 그러한 선택권이 없다. 따라서 위대한 관념 102개는 정확히 알파벳순으로 수록되었고, 『서양의 위대한 책들』은 대체로 저자의 생몰연대 순서대로 구성되었다.

관념과 책을 알파벳순이나 연대순으로 배열하는 대신 더 유의미하고 납득할 만한 방식으로 배열하기 위해 다른 무언가를 할 수 있었을까? 이 물음은 우리의 현재 관심사와 관련이 있다. 알파벳순과 연대순처럼 지적으로 중립적인 배열법을 포기하거나 넘어서야 공부를 위한 길잡이를 찾는 일을 시작할 수 있기 때문이다.

『서양의 위대한 책들』과 관련된 이 문제에 대한 우리의 해결책은 저자를 네 집단으로 나눈 뒤, 그들의 저작이 실린 책등에 서로 다른 색 직물을 붙여서 각 집단을 나타내는 것이었다.

노란색 직물은 상상문학 작품(서사시와 극시, 소설, 희곡, 셰익스피어와 밀턴의 경우 소네트와 서정시까지의 저작)을 나타냈다. 초록색 직물은 수학, 천문학, 물리학, 화학, 생물학, 심리학, 의학 영역의 저작임을 나타냈다. 파란색 직물은 역사물과 전기물, 정치 이론과 경제학 영역의 논저를 나타냈다. 빨간색 직물은 철학과 신학(형이상학, 자연철학, 정신철학, 자연신학과 신성한 신학) 분야의 저작임을 나타냈다.

『서양의 위대한 책들』을 완벽히 정확하게 분류할 수는 없었다. 특정 저자의 저작 전부나 일부가 여러 권에 수록된 경우, 그 저자를 네 집단 가운데 하나에 넣으려면 그의 저작 가운데 일부는 이 집단에 속하고 일부는 저 집단에 속한다는 사실을 무시해야 했기 때문이다. 그 저자를 다른 집단이 아닌 특정 집단에 넣은 것을 뒷받침할 유일한 근거는 서양 문화 전통에 기여한 그의 저작의 전반적인 성격이 특정 집단에 더 가깝다는 것뿐이었다.

우리가 위대한 관념과 관련해 알파벳순 배열의 중립성이라는 동일한 문제를 상쇄하거나 극복하기 위해 어떤 해결책을 모색했는지 살펴보기에 앞서, 독자들에게 그 알파벳순 목록을 내놓는 편이 좋겠다.

Angel천사, Animal동물, Aristocracy귀족, Art예술, Astronomy천문학, Beauty아름다움, Being존재, Cause원인, Chance가능성, Change변화, Citizen시민, Constitution헌법, Courage용기, Custom and Convention관습과 관례, Definition정의, Democracy민주제, Desire욕구, Dialectic변증법, Duty의무, Education교육, Element요소, Emotion정서, Eternity영원, Evolution진화, Experience경험, Family가족, Fate운명, Form형태/형식, God신, Good and Evil선과 악, Government통치기구, Habit습관, Happiness행복, History역사, Honor명예, Hypothesis가설, Idea관념, Immortality불멸, Induction귀납, Infinity무한, Judgment판단, Justice정의, Knowledge지식, Labor노동, Language언어, Law법, Liberty자유, Life and Death삶과 죽음, Logic논리학, Love사랑, Man인간, Mathematics수학, Matter물질, Mechanics역학, Medicine의학, Memory and Imagination기억과 상상, Metaphysics형이상학, Mind정신, Monarchy군주제, Nature

자연, Necessity and Contingency필연성과 우연성, Oligarchy과

두제, One and Many하나와 여럿, Opinion의견, Opposition대항,

Philosophy철학, Physics물리학, Pleasure and Pain쾌락과 고통,

Poetry시, Principle원리, Progress진보, Prophecy예언, Prudence

신중함, Punishment처벌, Quality질, Quantity양, Reasoning

추론, Relation관계, Religion종교, Revolution혁명, Rhetoric수

사학, Same and Other같음과 다름, Science과학, Sense감각, Sign

and Symbol기호와 상징, Sin죄악, Slavery노예제, Soul영혼, Space공

간, State국가, Temperance절제, Theology신학, Time시간, Truth

진리, Tyranny and Despotism독재와 전제 정치, Universal and

Particular보편과 특수, Virtue and Vice덕과 악덕, War and Peace

전쟁과 평화, Wealth부, Will의지, Wisdom지혜, World세계

1940년대에 작성한 이 목록이 오늘날에도 만족스러울까? 다른 관념을 더해야 하지 않을까? 지금 내 판단으로는 이 102개의 관념에 추가할 후보는 셋밖에 없다. '평등'Equality을 빠뜨린 것은 바로잡아야 하고, '권력'Power과 '자산'Property도 추가할 후보다. 평등은 분명 자유와 함께 이 목록에 속한다. 자산은 이미 부 관념으로, 권력은 국가, 통치기구, 독재로 충분히 다룬 것인

지도 모른다.

알파벳순으로 나열한 이 102개 관념을 검토해 보면 12개 관념이 나머지와 다르다는 것이 드러난다. 그 12개 관념은 알파벳순으로 예술, 천문학, 역사, 역학, 의학, 형이상학, 철학, 물리학, 시, 종교, 과학, 기술이다. 지식의 갈래 자체를 다루는 프로피디아의 제10부와 그러한 지식의 다양한 갈래를 통해 우리가 세상에 관해 아는 것을 다루는 제1부에서 제9부까지의 내용 차이를 떠올리면, 독자들은 똑같은 차이가 12개 관념과 나머지 관념 사이에도 있음을 알아챌 것이다.

중세에는 그 차이를 정신을 1차 지향으로 사용하는 것과 2차 지향으로 사용하는 것을 구별함으로써 설명했다. 우리는 현실(어느 모로 보나 우리가 살아가는 세상)을 알거나 이해하고자 할 때 정신을 1차 지향으로 사용한다. 그리고 지식의 갈래를 알거나 이해하고자 할 때, 즉 현실을 탐구하고자 할 때는 정신을 2차 지향으로 사용한다. 이 구별법을 프로피디아에 적용할 경우, 우리는 2차 지향의 의미가 있는 제10부와 1차 지향의 의미가 있는 나머지 9부를 구분해야 한다. 신토피콘에 적용할 경우, 특별한 12개 관념과 나머지 관념을 구분해야 한다.

신토피콘의 제2권에는 신토피콘이 어떻게 구성되었는지에

관한 에세이가 실려 있다. 그 에세이는 이 구별법을 이용해 1차 지향에 속하는 관념을 2차 지향에 속하는 하나 또는 다수의 관념 아래에 묶는 방법을 내놓는다. 그 에세이에는 그렇게 분류한 사례들이 수록되어 있다. 지금 내가 생각하기에 추가할 필요가 있는 몇 가지 관념을 더해서 그렇게 분류한 사례들은 다음과 같다.

신학, 종교

· 천사, 영원, 신, 불멸, 예언, 죄악

형이상학

· 존재, 원인, 변화, 형태, 신, 무한, 물질, 필연성과 우연성, 하나와 여럿, 대항, 같음과 다름, 진리. 그리고 어쩌면 질과 양

수학, 역학, 물리학

· 원인, 가능성, 변화, 요소, 무한, 물질, 자연, 질, 양, 공간, 시간, 세계

논리학

· 정의, 변증법, 가설, 귀납, 판단, 언어, 대항, 추론, 관계, 수사학, 기호와 상징, 진리, 보편과 특수

정치 이론(철학적 또는 과학적)

· 귀족, 시민, 헌법, 관습과 관례, 민주제, 가족, 통치기구, 정의, 법, 자유(와 평등), 군주제, 과두제, 처벌, 혁명, 노예제, 국가, 독재, 전쟁과 평화

윤리학(또는 도덕철학)

· 용기, 의무, 선과 악, 행복, 명예, 정의, 자유(와 평등), 사랑, 쾌락과 고통, 신중함, 절제, 덕과 악덕, 지혜

경제학

· 노동, 부 그리고 어쩌면 자산

심리학(철학적 또는 과학적)

· 동물, 욕구, 정서, 경험, 습관, 지식, 언어, 사랑, 인간, 기억과 상상, 정신, 의견, 쾌락과 고통, 추론, 감각, 기호와 상징, 의지

생물학

· 동물, 진화, 삶과 죽음, 의학, 감각

이 사례들이 지식의 다양한 갈래 또는 학식의 부문을 가리키는, 2차 지향에 속하는 관념 아래에 1차 지향에 속하는 관념을 묶는 유일한 방법은 아니다.

여러 관념을 포함하는 학문을 거론하지 않더라도 관념들을 묶는 방법은 이것 말고도 많다. 예를 들어 역사, 변화, 진보, 시간은 밀접한 연관성이 있다. 경험, 습관, 기억, 상상, 감각도 마찬가지다.

아름다움, 선과 악, 진리는 전통적으로 한 묶음을 이루는 세 가지 근본적인 가치로 인정받았으며, 이 점은 자유, 평등, 정의도 마찬가지였다.

지식과 의견 관념은 둘 다 논리학, 수학, 형이상학, 역학, 철학, 과학, 신학에 속한다. 이 두 관념을 정의, 가설, 귀납, 판단, 추론, 진리와 함께 묶을 수도 있을 것이다.

중세의 대학들에서 박사 학위를 수여했을 만큼 예로부터 인정받아 온 세 가지 직업적 학부는 이 위대한 관념의 목록에서 법, 의학, 신학으로 나타난다. 오늘날에는 이 목록에 공학이나 기술을 더할 수 있을 것이다.

특정한 위대한 관념을 (익숙한 학문이나 지식의 갈래 그리고 위대한 관념이 연결되는 다른 방식을 나타내는) 다른 위대한 관념 아래에 묶는 이 모든 사례는 알파벳순 목록보다 우리에게 훨씬 의미가 있다. 이 사례들은 알파벳의 무미건조한 중립성에 구애받지 않으면서도, 상하위나 중요도를 척도로 삼아 관념들을 위계적으로 배열할 만큼 중립성을 완전히 넘어서지도 않는다.

이제 20세기에 지식의 갈래나 위대한 관념을 이러한 식으로 조직하는 것이 과연 가능한지 살펴볼 것이다. 지금까지는 특히 (지식을 조직하기 위한 고대와 중세의 체계를 검토한) 제5장, 제6장과 (17, 18, 19세기의 학식의 지도를 검토한) 제7장, 제8장, 제9장에서 명시적이든 암시적이든 철학적 원리에 호소해 지식의 부문을 배열하는 방법을 살펴보았다.

지식을 조직하거나 지식의 갈래를 배열하고 연관 짓는 것은 본질적으로 철학의 과제다. 그것은 역사가나 과학자가 할 일이 아니다. 역사가나 과학자가 자신의 탐구 영역을 정의하고 그 영역을 다른 학문과 구분하려고 시도할 때, 그는 역사가나 과학자가 아니라 철학자로서 그 일을 하는 것이다.

20세기에 지식을 어떻게 조직할 것인가, 즉 지식의 부분을 어떻게 배열하고 연관 지을 것인가 하는 문제를 조금이라도 조명하려는 시도는 반드시 철학에 바탕을 두어야 한다. 아울러 그러한 시도는 현대의 문화적 다원주의와 지적 이설에 어느 정도 부응해야 한다.

IV

철학적 성찰

13 앞으로 서술할 내용

여기까지 읽을 만큼 인내심과 끈기가 있는 일부 독자는 약간 당황했을 것이다. 그들은 이제껏 읽은 것이 결국 어떤 내용인지, 그리고 앞으로 어떤 내용이 서술될지 의아해할 공산이 크다.

독자들의 그러한 심경은 내가 이 책을 쓰면서 염두에 두었던 목표를 성취하는 데 이바지할 것이다.

앞에서 나는 고대와 중세, 근대의 학식을 개관했다. 나는 독자들이 전통적인 학식의 지도에 익숙해질 필요가 있다고 판단했다. 그래야 현대 세계의 학식에 분류와 길잡이가 필요한 이유를 이해할 수 있기 때문이다. **이 주제에 관한 기존의 문헌에서는 그러한 길잡이를 발견할 수 없다.**

다음 장에서는 인간 학식의 전 영역을 탐험하는 데 필요한 방향과 길잡이를 내놓기 위해 20세기에 꼭 필요한 통찰과 분별에 관해 서술할 것이다. 이어서 결론에서는 평생공부, 특히 모든 학교 교육을 끝마친 성년기의 공부를 위한 길잡이를 내놓을 것이다.

다음 장에서 서술할 철학적 성찰을 이루는 통찰과 분별이 전적으로 20세기의 혁신인 것은 아니다.

아리스토텔레스는 이론적 지식의 영역을 하위의 자연학, 중위의 수학, 상위의 형이상학이라는 위계질서로 조직했다. 다음 장의 철학적 성찰은 그 위계질서를 오늘날에 알맞게 고쳐 활용한다.

그 성찰에서는 아리스토텔레스가 탐구의 이론적 영역과 실천적 영역을 구별한 것이 강조된다. 이때 실천적 영역을 구성하는 것은 윤리학과 정치학이다.

그 성찰의 핵심은 아리스토텔레스가 모든 사람이 갖추어야 하는 종합적 학식인 '파이데이아'와 특정한 지식 영역의 전문가가 갖추는 전문적 학식인 '에피스테메'를 구별한 것이다.

그 성찰은 자유기예(모든 형식의 탐구, 모든 과정의 공부와 관련이 있는 정신의 기술)의 필요성을 주장한 고대와 중세로부터 통찰을 이끌어 낸다. 또한 세 가지 직업적 학부(의학, 법학, 신학)로 이루어진 중세의 위계질서로부터, 그리고 신학을 학문의 여왕으로 여기고 철학을 신학의 시녀로 여긴 중세의 견해로부터 통찰을 이끌어 낸다.

그 성찰은 역사, 시, 철학으로 이루어진 프랜시스 베이컨의 체계에서도 통찰을 얻는다. 베이컨의 체계에서 철학은 형이상학, 즉 제1철학을 정점에 둔 도덕철학과 사변철학의 갈래뿐 아니라 경험적·실험적 학문까지 포함한다. 실증적 학문을 조직한 오귀스트 콩트와 주제별 백과사전을 구상한 새뮤얼 테일러 콜리지가 베이컨의 통찰을 보완한다.

과거의 이 모든 통찰과 분별, 체계를 유익하게, 20세기에 알맞게 활용하려면 결함이 없는 것과 결함이 있는 것을 구별하고 오늘날에 유효한 것만 받아들일 필요가 있다.

여기까지 읽으면서 내가 서두에서 약속한 길잡이를 아직 내놓지 않았다고 생각하는 독자가 있다면, 앞으로 서술할 내용에서 흡족한 길잡이를 얻을 수 있기를 바란다.

필수적인 통찰과 분별

정신의 자산

건강, 힘, 활력, 생명력이 신체의 자산인 것처럼 정보, 지식, 이해, 지혜는 정신의 자산(습득해서 정신을 완성하는 자산)이다.

다만 잠시만 생각해 보면 이 네 가지 자산이 동격이 아니라는 것, 가치가 다르다는 것을 알 수 있다. 방금 나열한 순서에서는 뒤로 갈수록 가치가 높다. 즉 정보가 가장 가치가 낮고 지혜가 가장 가치가 높다.

이러한 견해는 앞선 시대와는 달리 남아도는 정보와 지식의 폭발을 칭송하는 우리 시대의 시류에 역행하는 것인지도 모른다. 지금이 이해가 넓어지거나 깊어진 시대라고 말하는 사람은 아무도 없다. 20세기에 지혜가 합당한 평가를 받는다고 감히 말하는 사람은 더더욱 없다.

(대개 조금씩 얻는) 정보는 앞에서 거론한 자산 가운데 분명히 가치가 가장 낮다. 오늘날에는 쓸모없는 정보가 엄청나게 많은데, 그러한 정보는 대부분 신문, 잡지, 라디오와 텔레비전 프로그램을 통해 퍼져 나가고, 사소한 사실을 알아맞히는 (대중이 보는) 퀴즈게임 때문에 중요성이 과장된다. 지식과 이해가 쓸모없는 경우는 생각하기 어렵다. 하물며 쓸모없는 지혜란 결코 없다.

물론 쓸모 있는 정보도 엄청나게 많지만, 그러한 정보는 좋은 목적으로도, 나쁜 목적으로도 이용할 수 있다. 악당과 모리배, 무뢰한일지라도 정보를 많이 알아야 사악한 짓을 저지를 수 있다. 반면에 이해는 오용될 가능성이 거의 없다. 더욱이 '지혜로운 범죄자'라는 표현은 그 자체가 어불성설이다.

방금 정보에 대해 말한 것은 지식에도 어느 정도 적용된다. 지금 내가 말하는 '지식'이란 특정한 학문이나 철학의 특정한 갈래처럼 하나의 조직을 이루는 지식이라는 뜻이다. 조금씩 획득하는 정보와 달리 조직된 지식은 더 체계적인 방식으로 획득하거나 적어도 종합한다. 지식의 부분들이 서로 관계를 맺고 연쇄를 이루고 상호작용하는 방식에는 납득할 만한 근거가 있다.

쓸모없는 정보만큼 확실하게 쓸모없는 지식은 없을지 모르지만, 지식이 정보와 마찬가지로 선용될 수도 있고 악용될 수도 있다는 것은 의심할 나위가 없다. 기술적으로 적용한 지식이 인류에 해를 끼치고 나아가 문명까지 파괴한 사례는 너무나 명명백백해서 굳이 언급할 필요가 없을 것이다. 이 사실을 날카롭게 의식한 금세기에는 기술적으로 적용할 경우 인류의 미래를 위협할 수도 있는 과학 연구를 중단시키는 문제를 둘러싸고 논쟁을 벌였다.

정신의 네 자산의 오름차순을 다르게 파악할 수도 있다. 우리는 지식 없이도 자질구레한 정보를 알 수 있다. 설령 그러한 정보가 조직된 지식에 포함되더라도, 지식을 모른 채 정보를 아는 것은 가능하다. 반면에 조직된 지식(역사적·과학적·철학적 지식)은 아주 많은 정보를 포함하지만 언제나 그 이상이다.

우리는 어떤 지식의 중요성을 아예 이해하지 못하거나 온전히 이해하지 못한 채로 그 지식을 알 수 있다. 이해를 갖춘 지식은 분명 이해가 없는 지식보다 낫다. 그리고 지식은 깊게 이해할수록 더 낫다.

무언가를 이해한다는 것은 그것에 관한 정보나 지식을 어느 정도 안다는 것을 전제하지만, 그 역은 성립하지 않는다. 즉 무언가에 관한 정보나 지식을 안다고 해서 꼭 그것을 이해하는 것은 아니다.

지혜는 정신의 네 자산 가운데 위계가 가장 높다. 지혜는 우리의 정신이 성취할 수 있는 가장 근본적인 통찰을 얻는 데 필요한 정보와 지식, 이해를 갖추고 있음을 전제한다.

문화적 다원주의와 지적 이설 때문에 20세기의 사람들은 인간 학식의 영역에서 위계질서를 용납하지 않으려 할지도 모르지만, 그렇더라도 정보가 맨 아래, 지혜가 맨 위, 중간에서 이해가 지식보다 위에 있는 가치의 오름차순을 생각하지 않기는 어렵다. 이 위계질서는 경험적·실험적 연구를 통해 얻는 역사적·과학적 지식의 가치와 역사적·과학적 지식에 관한 철학적 성찰을 통해 얻는 이해의 가치와 명백히 관련이 있다.

앎의 방식

'알다'라는 낱말을 최대한 넓은 의미로 사용한다면, 공부의 네 범주는 다음과 같이 바꾸어 표현할 수 있다. 1) 정보를 얻거나 받아들이는 것, 2) 지식을 획득하는 것, 3) 지식을 이해로 보완하는 것, 4) 지혜에 도달하는 것.

먼저 정보를 보유하는 것은 기억하는 행위다. 지식을 획득하는 것과 그 지식을 이해로 보완하는 것, 지혜에 이르는 것은 지성과 이성을 사용하는 행위다.

학교 교육이 정보를 전달하는 데 지나치게 힘쓰는 것이 현실이지만, 정보를 얻는 데는 학교 교육이 필요 없다. 우리가 학창 시절에 얻거나 기억하지 못한 정보는 학교 교육을 마치고 난 성년기에도 온갖 참고 도서(지도와 지명 사전, 사전, 백과사전 그리고 온갖 데이터베이스)를 이용해 언제든지 획득할 수 있다.

우리는 학교 교육을 통해, 필요한 정보를 얻기 위해 참고 도서를 효율적으로 사용하는 방법을 배워야 한다. 그러나 훨씬 더 중요한 것은 학교 교육을 끝마친 이후에도 계속 공부해서 정신적으로 성장할 수 있는 소양을 학창 시절에 갖추는 것이다. 그렇게 해야 학교에서 지식을 얻는 데 그치지 않고 이해를 성취하고 더 나아가 지혜에 접근함으로써 정신을 비옥하게 가꿀 수 있다.

이제 '알다'라는 낱말을 최대한 넓은 의미로 사용할 때 앎에 어떤 방식이 있는지 살펴보자. 우리는 '그것'과 '무엇'과 '어떻게'와 '이유'와 '원인'을 알 수 있다. '그것'을 안다는 것은 무언가에 관한 사소한 정보, 즉 이런저런 사실을 안다는 것이다. 우리는 사실(이런저런 일이 발생했거나 존재한다는 사실)을 아는 것을 넘어 그것이 '무엇'인지, 즉 그것의 속성은 무엇이고 다른 것들과 어떤 관계에 놓여 있는지까지 알 수 있다. 역사적·과학적 지식은 '그것'은 물론이고 '무엇'에 대한 앎까지 포함한다. '그것'과 '무엇'에 대한 앎은 방법론적인 조사나 연구를 필요로 한다. '이유'와 '원인'에 대한 앎은 통찰과 이해로 '그것'과 '무엇'에 대한 앎을 더 분명하게 밝히며, 우리가 다르게 알 수도 있는 것에 관한 철학적 성찰을 요구한다. '이유'와 '원인'을 안다는 것은 가장 근본적이거나 궁극적인 의미에서 지혜에 도달하는 것이다.

'어떻게'에 대한 앎은 어떨까? 이 앎의 방식에는 두 종류가 있다(어떤 기계가 어떻게 작동하는지를 아는 것은 '어떻게'에 대한 앎의 한 종류가 아니다). 한 종류는 우리 자신의 이로움과 우리가 살아가는 사회의 이로움을 위해 어떻게 행동해야 하는지를 아는 것이다. 다른 종류는 우리를 둘러싼 자연계에는 없는 물건을 어떻게 만들어 내는지를 아는 것이다. 그 물건들은 가장 넓은 의미의 '기예'art, 즉 인공물을 만들어 내는 모든 종류의 생산적 기술의 산물이다.

기예의 영역 안에서 '어떻게'에 대한 앎은 특정한 활동, 이를

테면 수영하기, 스케이트 타기, 스키 타기, 낚시하기, 항해하기, 춤추기 같은 신체적 기술과 읽기, 쓰기, 말하기, 듣기, 관찰하기, 계산하기, 측정하기, 평가하기, 추정하기, 생각하기 같은 지적인 기술을 능숙하게 발휘하는 것을 뜻하기도 한다.

가장 넓은 의미에서 보면 영어 단어 'art'는 신체적 기술과 지적 기술을 포괄하는 고대 그리스어 단어 'τέχνη'(테크네)로 번역할 수 있다. 영어 단어 'prudence'(신중)나 'practical wisdom'(실천적 지혜)으로 번역되는 다른 그리스어 단어 'φρόνησις'(프로네시스)는 '어떻게'에 대한 앎의 다른 종류(우리 자신의 이로움과 우리가 살아가는 사회의 이로움을 위해 어떻게 행동해야 하는지를 아는 것)를 뜻한다.

이것을 요약하면 '어떻게'에 대한 앎의 한 종류는 생산하거나 발휘하는 기예나 기술(그러한 기예나 기술을 뜻하는 그리스어 단어는 'ποίησις'(포이에시스))이고, 다른 한 종류는 살아가면서 훌륭하고 지혜롭게 행동하는 능력(이러한 능력을 가리키는 그리스어 단어는 'πρᾶξις'(프락시스))이라고 말할 수 있다.

앎의 방식에 관한 이러한 고찰로부터 두 가지 결론이 나온다. 첫째, 이제 우리는 정신의 네 가지 자산에 두 가지 자산('기예'와 '신중')을 더할 수 있다. 둘째, '신중'을 더 고찰하면, 이미 살펴본 앎의 방식을 두 범주로 나눌 수 있다. 우리의 앎은 기술적記述的·설명적이거나 규범적·의무적이다.

한편으로 우리는 무언가가 사실이라는 것과 그 사실의 내용과 근거를 안다. 그럴 때 우리의 앎은 기술적·설명적이다. 다른 한편으로 우리는 어떤 목적이나 목표를 추구해야 한다는 것, 어떤 일을 특정한 방식으로 해야 한다는 것, 정해진 목적이나 목표를 성취하기 위해 특정한 수단을 선택해야 한다는 것을 안다. 그럴 때 우리의 앎은 규범적·의무적이다.

짧은 두 단어 '~이다'is와 '~해야 한다'ought에 기술적記述的 지식과 규범적 지식의 차이가 압축되어 있다. 우리의 학식이 기술적記述的 지식으로만 이루어져 있다면 인생의 목표를 추구하는 데는 서글플 만큼 불충분할 것이다.

고대와 중세에는 학식의 영역을 나누는 가장 근본적인 두 범주가 이론과 실천이었다. 다시 말해 한 범주는 앎 자체를 위한 앎 또는 어떤 물건을 생산하거나 어떤 일을 능숙하게 해내는 데 필요한 앎이었고, 다른 범주는 행동을 위한 앎, 우리의 삶과 사회의 활동에 방향을 내놓는 앎이었다.

이러한 두 종류의 앎 가운데 전자는 학식의 영역에서 역사, 경험 과학, 기술적技術的 응용, 사변철학의 갈래로 이루어진다.

후자는 학식의 영역에서 실천철학의 갈래, 즉 도덕철학과 정치철학으로 이루어진다.

철학이 역사와 실증적·경험적 과학보다 우위에 있는 까닭은 '그것'과 '무엇'에 대한 앎이라는 방식으로 지식을 더 많이 제공하기 때문이 아니다. 역사와 과학에 비해 철학은 그러한 종류의 지식을 거의 제공하지 않는다. 철학이 제공하는 지식을 이용해 우리가 기술적 응용이나 발전이라는 혜택을 얻을 수 있는 것도 아니다. 철학적 지식에는 그러한 쓰임새가 없다. 철학적 지식으로는 다리를 건설할 수도, 케이크를 구울 수도 없다. 또한 그 지식은 무언가를 **만드는** 데 전혀 도움이 되지 않는다.

철학이 우위에 있는 까닭은 이해와 지혜('이유'와 '원인'에 대한 앎이라는 형식의 지식)를 선물할 뿐 아니라 그러한 지식을 사용해 우리의 삶과 사회에 방향을 내놓기 때문이다. 그 지식은 도덕철학과 정치철학에서 발견할 수 있는 규범적 지식이다.

에피스테메와 파이데이아

나는 고대로부터 전해진 학식 영역의 주요한 두 범주를 가리키기 위해 그리스어 단어 에피스테메와 파이데이아를 사용했다. 라틴어로 'scientia'(스키엔티아)로 번역하는 '에피스테메'는 개개인이 20세기에 급증한 모든 전문 분야가 아니라, 특정한 하나의 전문 분야에서 통달하거나 정통하는 모든 형식의 전문적 지식을 뜻한다. 아리스토텔레스는 기원전 4세기에 존재한 학문의 모든 갈래에서 능숙한 전문가가 될 수 있었을지도 모른다. 그러나 이른바 지식 폭발의 세기라 불리는 20세기에는 아무도 만물박사, 즉 학식의 모든 전문 분야에서 전문가가 될 수 없다.

라틴어로 '후마니타스'로 옮기는 '파이데이아'는 모든 사람이 갖추어야 하는 종합적 학식(앞에서 구분한 앎의 방식을 전부 포함하는 학식)을 뜻한다.

내가 지식에 접근하는 두 가지 방법을 가리키기 위해 이들 그리스어 단어를 사용하는 까닭은 학식을 과학과 인문학으로 나누는, 오늘날 만연한 그릇된 구분법을 바로잡기 위해서다. 앞에서 나는 19세기 말부터 오용되기 시작한 '인문학'이라는 낱말이 그때 이후로 학계에 두루 퍼졌다는 사실에 주목한 바 있다.

모든 학식을 자연과학과 정신과학으로 나눈 빌헬름 딜타이의 독일어식 구분법은 20세기 들어 자연과학(때로는 자연과학과 사회과학)과 인문학이라는 부정확한 이분법으로 변모했다.

'인문학'이나 '인문학적 학식'은 지식의 특정한 갈래에서 전문성을 갖추는 것과 상반되는, 지식의 모든 부문에 대한 종합적 접근법을 의미해야 한다. 그러므로 자연과학과 사회과학의 다양한 부문을 열거한 뒤에 남는 지식의 갈래나 부문을 인문학과 동일시하는 것은 인문학을 부정확하고 그릇된 뜻으로 사용하는 것이다.

1930년대에 시카고대학교 총장 허친스가 대학의 조직을 네 부분으로 나눌 때도 이러한 잘못을 저질렀다. 그 네 부분이란 첫째 물리과학, 둘째 생명과학, 셋째 사회과학이었으며, 이 세 부분에 포함되지 않는 나머지 모든 학과가 넷째 인문학을 이루었다.

그렇게 조직된 대학에서 '인문학'이란 무엇이었는가? 철학, 종교 연구, 예술 연구, 문헌학, 외국어 연구가 바로 인문학이었다. 심리학은 행동과학의 한 분야로서 사회과학에 속했다. 역사의 경우 일부는 사회과학에, 일부는 인문학에 속했다.

고대와 중세로부터 전해진 '인문학'이나 '인문학적'이라는 표현의 본래 의미라는 관점에서 보면, 종합적 방식으로 접근하는 모든 주제는 인문학에 속한다. 반면에 전문적 방식으로 탐구하는 주제는 인문학에 속하지 않는다.

수학, 물리학, 생물학도 종합적인 방식으로 철학적으로 고찰할 때는 인문학에 속한다. 그럴 때는 이들 학문을 인문학적으로 탐구하는 것이다. 역사, 시, 철학도 전문 학자의 방식으로 탐구할 때는 인문학에 속하지 않는다. 그렇게 탐구하는 이들은 대부분 박사 학위 과정을 밟고 있는 학자다. 그처럼 전문적 학위 과정은 경험 과학의 다양한 부문에서 수행하는 전문적 연구와 본질적으로 다르지 않다. 그러한 연구는 인문학적인 것이 아니다.

오늘날 대학에서, 심지어 고등학교에서까지 널리 쓰이고는 있지만, '인문학'은 일군의 특정한 주제를 나타내는 데 쓰여서는 안 된다. 인문학은 1930년에 출간된 『대중의 반역』에서 호세 오르테가 이 가세트가 사용한 의미로 쓰여야 한다. 이 책에서 오르테가는 20세기의 전문화라는 야만, 즉 올바른 의미의 인문학만이 완화할 수 있는 문화적 병폐를 대단히 설득력 있게 비판했다(20세기 초에 윌리엄 제임스는 오르테가의 통찰을 먼저 보여 주었다. 제임스는 어떤 주제든 역사적 또는 철학적으로 접근함으로써 인문학적 관점에서 조명할 수 있음을 지적했다).

이 지점에서 '박사'doctor of philosophy나 '박사 학위'Ph.D. degree

에서 '철학'philosophy의 쓰임새를 따져 볼 필요가 있다. 오늘날 '인문학'이라는 낱말이 오용되는 것과 마찬가지로 물리학, 역사학, 수학, 지질학, 문학, 음악학, 화학을 비롯한 대학의 모든 학과의 박사 호칭에는 부적절하게도 '철학'이라는 낱말이 들어 있다. 일반 대학원 과정이 있는 대학의 모든 학과에서는 박사 학위를 수여한다. 이와 달리 전문 대학원 과정이 있는 학과의 박사 호칭에는 법학 박사Doctor of Jurisprudence, 의학 박사Doctor of Medicine, 종교학 박사Doctor of Divinity, 신학 박사Doctor of Sacred Theology처럼 '철학'이 들어 있지 않다.

내가 방금 말한 박사 학위는 고도로 전문화된 연구나 학위 과정을 끝마쳤음을 인증한다. 이것은 철학과에서 박사 학위를 받은 경우에도 마찬가지다. 박사 학위는 근본적인 관념을 종합적 또는 인문학적으로 탐구했음을 뜻하지 않는다. 오늘날 존재하는 어떤 학위도 그러한 종류의 성취를 의미하지 않는다.

철학이 모든 사람과 관계가 있다고 생각하는 철학자는 전문가가 아니라 종합인generalist이다(이러한 의미의 철학자이기도 한 학계의 철학 교수는 설령 있더라도 극소수다). 철학자가 철학 교수 이상이라면, 그들은 학식의 모든 분야와 앎의 모든 방식을 자신의 영역으로 삼는 백과사전 편찬자여야 한다. 물론 백과사전 편찬자는 자기 업무를 수행할 때 철학자(또는 인문학적 종합인)이어야 한다(부록 2에 오르테가의 『대중의 반역』과 그의 다른 책 『대학의 사명』Mission of the University의 결정적인 대목들을 수록했다).

지금 우리 사회에서 살아가는 모든 사람은 종합인이면서 전문가여야 한다. 달리 말해, 인생의 초반과 후반에는 종합인이어야 하고, 중반에는 전문가여야 한다. 이 점을 염두에 둔다면, 숙련된 전문가가 되는 과정에 필요한 길잡이는 교양 있는 종합인이나 종합적 교양을 함양한 인간이 되기를 바라는 이들에게 필요한 길잡이와 상당히 다르다고 말할 수 있다.

학과들의 알파벳순 목록을 수록한 대학의 안내서는 학생들이 선택할 전문 과정인 전공과 부전공에 대해 설명해 준다. 즉 안내서는 무언가를 전공하려는 이들에게 필요한 길잡이다. 대학에서 종합적인 교육과 흡사한 무언가를 추구하는 이들에게 지금의 안내서는 적절한 길잡이를 전혀 제공하지 못한다. 그들에게는 내가 이 책으로 내놓고자 하는 방향이 필요하다.

기예와 학문

이 장의 목표인 명확한 철학적 설명을 내놓으려면, 낱말을 이미 확립된 일상의 용법과 다른 의미로 사용할 수밖에 없다.

대다수 사람들은 '기예'art를 벽에 걸거나 받침대 위에 세우는 화가와 조각가의 산물이라는 뜻으로 사용한다. 설령 그들이 이 낱말의 의미를 확장해 조형예술과 그래픽예술의 시각적 산물 외에 다른 것들까지 포괄하는 의미로 사용하더라도(그래서 음악, 시, 모든 형식의 상상문학, 극예술, 영화, 건축, 발레, 사진 등까지 포함하더라도), 큰 집단을 이루는 다른 인공물(경험 학문과 수공예를 기술적으로 응용해 만들어 내는, 예술품과 상반되는 모든 유용한 물건)은 거기에 포함되지 않는다.

앞에서 시사했듯이, 나는 인간 학식의 분야를 명확히 밝히기 위해 '기예'를 주로 앎의 한 종류, 즉 생산 기술이나 실행 기술('그것'과 '무엇'과 '이유'의 앎과 구별되는 '어떻게'의 앎)이라는 뜻으로 사용할 것을 독자들에게 요청한다.

기예를 그러한 뜻으로 사용하면, 기예와 학문 사이에 구분선을 긋는 데 전혀 애를 먹지 않게 된다. 더 정확히 말하면, '그것'과 '무엇'과 '이유'의 앎을 주는 지식의 모든 부문, 즉 모든 형식의 역사와 경험 학문과 실증 학문의 모든 분야, 이론철학의 모든 갈래를 아무런 어려움 없이 기예와 구별할 수 있게 된다.

또한 생산적 지식으로서의 기예를 도덕철학과 정치철학의 실천적 지식(우리의 인생과 사회에서 훌륭하게 처신하는 방법에 대한 앎)과 쉽게 구별할 수 있게 된다.

기예의 분류

앞에서 나는 기예를 예술적 기예와 유용한 기예로 나누었다. 예술적 기예는 우리를 즐겁게 하는 작품을 창작하는 데 쓰이고, 유용한 기예는 기술자와 수공업자가 어떤 목표를 달성하는 데 이바지하는 수단으로 쓰인다.

유용한 기예의 영역에서 우리는 두 부류를 살펴봐야 한다. 한 부류는 예로부터 자유기예라 불렸다. 이 기예는 문법, 수사학, 논리학(쓰고 읽고, 말하고 듣고, 분석하고 해석하는 기예)을 말한다. 요컨대 언어를 사용하는 모든 사고 형식의 기술을 뜻한다.

일반적인 언어 대신 수학 기호를 사용하는 사고 형식의 기술과 역사적 연구, 과학적 조사, 철학적 사유의 기술도 자유기예에 포함된다.

유용한 기예의 기타 부류는 다른 모든 기예와 구별된다. 그이유는 어차피 인간이 개입하지 않아도 나타나기 마련인 결과를 자연이 낳을 수 있도록 자연에 협력하는 기예이기 때문이다. 이러한 기예로는 농사짓기, 치료하기, 가르치기가 있다. 이세 기예의 산물인 음식, 건강, (가장 넓은 의미의) 지식은 농민과 치료사, 교사가 돕지 않아도 존재하거나 나타난다.

농민은 자연이 곡물과 과일, 채소와 육류 등 우리가 먹는 음식을 만들도록 돕는다. 자연과 협력하는 치료사나 의사는 동물이나 인간이 건강을 유지하거나 회복하도록 돕는다. 자연과 협력하는 교사는 지식과 이해를 획득하는 자연적 과정에 따라 학생의 정신에서 진행되는 공부를 돕는다. 학생이 직접 지적 활동을 하지 않는다면, 교사가 제아무리 노력해도 진정한 공부는 이루어질 수 없다.

예술적 기예와 유용한 기예에 속하는 다른 모든 기예는 인공물, 즉 인간의 노력과 기술이 개입하지 않으면 자연적으로는 결코 생겨나지 않을 물건을 만들어 낸다.

학문의 질서

이제 기예의 분류에서 학문의 질서로 관심을 돌려 보자. 이때 '학문'은 '그것'과 '무엇'에 대한 모든 형식의 앎을 뜻한다.

먼저 지식의 다른 모든 갈래와 역사를 구별해야 한다. 수학과 경험 학문, 철학의 갈래가 보편적이거나 일반적인 것을 다루는 반면 역사는 특수한 것을 다루기 때문이다.

그런 다음 수학과 철학의 갈래(여기서는 지식의 특정한 부문이라는 의미)를 경험 학문과 구별해야 한다. 경험 과학은 조사를 중시한다. 경험 과학에는 특수한 경험의 데이터를 얻는 관찰 절차가 따르는데, 그러한 특수한 경험은 조사나 연구를 위한 방법론적 과정을 수행하지 않는 한 겪을 일이 없다.

수학자와 철학자도 경험을 이용하지만, 조사하는 경험론자의 특수한 경험을 통해서만 얻을 수 있는 관찰 데이터를 필요로 하지는 않는다. 수학자와 철학자가 이용하는 경험은 인류의 공통 경험, 즉 우리 모두가 깨어 있는 시간 동안 조사하거나 방법론적 탐구를 하는 것과는 완전히 무관하게 자기 일을 하면서 겪는 경험이다(방금 기술한 수학의 두드러진 특징은 수학이 출현한 때부터 20세기 중반까지의 수학사로 예증할 수 있다. 근래에 수학자가 조사하는 경험론자가 되었다면, 미래에는 수학의 특징이 달라질지도 모른다).

역사가나 경험적 과학자와 마찬가지로 전문 연구자로서의 철학자는 실제로 존재하는 대상이나 사건에 관심을 쏟는 반면, 수학자가 다루는 대상은 실존하지 않는다. 역사가와 경험적 과학자가 연구하는 실존물은 물리계나 자연계에 속한다. 자연계는 자연철학의 영역이기도 하지만, 철학자는 형이상학과 신학의 영역에서 신을 비롯한 정신적 존재에 관해 사유할 때 자연계를 넘어선다. 역사 영역의 중요한 구분선은 사회사, 정치사, 경제사와 문화사, 지성사 사이에 그어진다.

경험 학문, 즉 물리과학, 생명과학, 행동과학 또는 사회과학은 단순한 것에서 복잡한 것으로, (소립자, 원자, 분자 같은) 부분에서 (천문학에서 연구하는 항성과 은하계, 역학과 화학에서 연구하는 움직이는 물체 같은) 전체로 나아간다.

지금도 우리는 물리과학에서 생명과학과 생물 연구로 넘어갈 때 단순한 것에서 복잡한 것으로 나아가고 있다. 생물물리학, 생화학, 분자생물학 같은 분과는 비非유기체를 다루는 과학이 살아 있는 유기체를 다루는 과학의 기초가 된다는 것을 보여 준다.

자연과학에서 사회과학과 행동과학으로 넘어갈 때도 마찬가지다. 사회과학과 행동과학이 연구하는 현상(인간의 행위, 인간의 하위집단, 인간의 사회·정치·경제 제도와 그 운용)이 훨씬 더 복잡하다.

방금 설명한 경험 학문의 질서는 19세기에 오귀스트 콩트와 허버트 스펜서가 내놓았던 것과 유사한 질서를 반영한다. 동일한 질서를 프로피디아의 '지식의 골자'에서 발견할 수 있다.

역사, 시, 철학

이제까지 우리는 베이컨이 나눈 학식의 세 범주인 역사, 시, 철학 가운데 두 범주만 다루었다. 우리는 역사와 철학의 관계를 살펴보았다. 그러나 역사와 시, 철학과 시의 관계는 고찰하지 않았다. 우리가 이해해야 할 중요한 관계는 후자의 관계다. 플라톤부터 시작해 수 세기 동안 이어져 온 철학과 시의 해묵은 불화는 누그러질 필요가 있다.

여기서 논의하는 다른 핵심 술어들과 마찬가지로 '시'라는 낱말은 아주 넓은 뜻부터 좁은 뜻 그리고 너무 좁아서 이 맥락에서는 중요하지 않은 뜻에 이르기까지, 의미의 폭이 넓다. 그리스어 낱말 '포이에시스'에서 유래한 넓은 의미의 시는 시와 유사한 모든 예술 작품(음악, 회화, 조각 등)을 나타낸다. 훨씬 더 좁은 의미의 시는 시가만이 아니라, 운문이든 산문이든 상관없이 서사시와 극문학 형식(소설과 희곡)으로 쓰인 모든 형식의 이야기체 픽션을 나타낸다. 가장 좁은 의미의 시는 운문으로 쓰인 시가를 가리킨다. 이러한 의미의 시는 지금 고려하지 않아도 된다.

학식을 역사, 시, 철학으로 나누었을 때, 베이컨은 분명 시를 모든 형식의 이야기체 픽션으로서 염두에 두었다. 베이컨은 시가 모든 예술 작품까지 아우르도록 할 수 없었다. 언어를 표현 수단으로 사용하는 시만이 역시 언어를 표현 수단으로 사용하는 역사, 철학과 비교될 수 있기 때문이다.

시를 역사와 철학과 비교한 사람은 베이컨이 처음이 아니다. 베이컨에 앞서 아리스토텔레스는 시가 철학과 비슷하게, 그리고 역사와는 달리 보편적인 것을 다루기 때문에 역사보다 철학적이라고 말했다.

시가 역사보다 철학적인 이유는 또 있다. 역사와 철학은 둘 다 실제적인 것(역사는 일어난 것, 철학은 존재하는 것)을 다룬다. 그렇지만 철학은 실제적인 것의 영역을 넘어 그보다 훨씬 넓은 가능성의 영역으로 나아간다. 철학은 존재하는 것과 존재해야 하는 것뿐만 아니라 존재할지 존재하지 않을지 모르지만 가능한 것까지 고찰한다.

이러한 점에서 역사보다 시가 철학과 더 유사하다. 역사가 실제로 일어난 것만을 다루는 반면, 시는 일어날 수 있는 것을 다루기 때문이다.

철학적 진리와 시적 진리 사이에는 결정적 차이점이 있다. 철학적 진리는 정신의 인식과 실제 현실의 합치를 추구한다. 이와 달리 시적 진리는 가능성의 한계에 구속될 뿐 실제성의 더 좁은 한계에 구속되지는 않는다.

잠시 이 차이를 제쳐 두면, 이제 우리는 시가 얼마나 철학과 유사한지 알 수 있다. 카를 폰 클라우제비츠가 군사 지도자와 외교관에 관해 한 말은 철학자와 시인에게도 적용된다. 철학자와 시인 둘 다 동일한 목표를 성취하려 하지만 이용하는 수단은 다르다. 둘 다 세계 전체를 이해하는 것을 목표로 삼는다. 시는 분석과 논증을 배제한 채 생생한 은유와 때로는 정념을 이용해 그 목표를 추구한다. 철학은 정념은 말할 것도 없고 은유법까지 배제한 채 분석과 논증을 이용해 세계에 대한 총체적 이해를 추구한다.

　시와 철학은 대단히 유사하기 때문에 플라톤의 시대부터 오늘날까지 격렬하게 대립해 왔다. 우리는 분석과 논증과 마찬가지로 정념도 세계를 이해하는 데 일정한 역할을 한다는 것을 인정함으로써 그 대립을 누그러뜨릴 수 있다. 분석과 논증 그리고 정념 가운데 하나를 더 선호하는 것은 기질의 문제다. 완전한 이해에는 양자가 모두 따른다.

　달리 말해, 시는 지적 상상의 표현이고 철학은 이성적 지성의 표현이다. 우리의 이해에 이바지하는 시와 철학의 공통점은 지성을 사용한다는 것이다.

　그러므로 우리는 학식의 영역에서 철학이 어떤 위치에 있든, 시 또한 철학과 똑같은 위치는 아니더라도 인접한 위치에 있다는 결론에 도달한다. 공부를 안내하기 위해 철학과 관련하여 어떤 권고를 하든, 그 권고는 시에도 적용된다.

초월적 형식

질료와 형식은 불가분의 관계다. 형식이 없는 질료는 이해할 수 없고, 질료가 없는 형식은 공허하다. 형식은 질료를 이해하게 해 주고, 질료는 형식의 내용을 채워 준다.

형식과 질료에 관한 이 통찰은 학식의 형식과 그 주제의 관계에 관한 우리의 고찰과 관련이 있다. 역사, 과학, 철학(그리고 시)은 다양한 주제를 포함하는 기본 형식인가? 특정한 주제가 이 형식들 가운데 둘 이상의 형식을 취할 수 있는가? 특정한 주제가 한 형식만 취하고 다른 형식은 취하지 않을 수 있는가? 학식의 다른 모든 형식에 적용할 수 있고 그 자체에도 적용할 수 있다는 의미에서 진정으로 초월적인 형식은 무엇인가?

방금 아주 추상적으로 말한 것을 구체적으로 설명하기 위해 몇 가지 예를 들겠다. 우리는 인류에 관한 역사, 인간과 인간 행위에 관한 과학, 인간에 관한 철학을 말한다. 이때 **인류, 인간성, 인간, 인간 행위**는 인간사에 역사적·과학적·철학적(또는 시적)으로 접근할 때 그 형식이 달라질 수 있는 동일한 주제를 가리킨다. 이와 마찬가지로 우리는 자연에 관한 역사, 자연에 관한 과학, 자연에 관한 철학을 말한다. 이때 자연 현상은 학식의 서로 다른 형식들의 공통 주제다.

또한 우리는 물리학에 관한 역사, 물리학에 관한 과학, 물리학에 관한 철학 같은 표현을 사용할 수 있다. 이때 '물리학에 관한 과학'은 '물리학에 관한 역사'와 '물리학에 관한 철학'과 같은 방식으로 해석될 수 없다. 물리학에 관한 역사는 물리학이라 불리는 과학에 관한 역사적 서술이다. 또한 물리학에 관한 철학은 물리학이라 불리는 과학에 관한 철학적 이해다. 반면에 '물리학에 관한 과학'의 타당한 의미는 물리학 그 자체인 특정한 과학 또는 방금 말했듯이 물리학이라 **불리는** 과학 외에는 없다.

물리학이라는 말을 물리학의 특정한 주제가 아니라 특정 분과를 가리키는 2차 지향의 의미로 사용할 때, 물리학에 관한 역사와 철학은 성립할 수 있지만 물리학에 관한 과학은 성립할 수 없다. 하나의 형식으로서의 특정한 과학은 2차 지향으로 파악한 다른 분과 자체를 주제로 취하지 않는다. 물리과학의 주제는 비유기적인 자연의 현상이고, 생명과학의 주제는 생명과 살아 있는 유기체의 현상이며, 사회과학의 주제는 사회와 사회제도다.

물리과학의 영역 안에서 우리는 움직이는 물체에 관한 과학인 역학, 빛에 관한 과학인 광학, 열에 관한 과학인 열역학 등에 대해 말한다. 또한 우리는 역학, 광학, 열역학에 관한 역사에 대해 말한다. 그러나 우리는 역학에 관한 과학, 광학에 관한 과학, 열역학에 관한 과학에 대해 말할 수는 없다. 두 경우에 '~에 관한'은 그 의미가 다르다.

'역학에 관한 역사'라는 표현에서 '~에 관한'은 **정보를 준다**. 그것은 분과로서의 역학이 학식의 한 형식인 역사의 주제임을 의미한다. '역학에 관한 과학'에서 '~에 관한'은 **정보를 주지 않는다**. 그것은 분과로서의 역학이 학식의 한 형식인 과학의 주제라는 것을 의미하지 않는다.

2차 지향으로 파악한 분과로서의 역학 그 자체를 (역사적·철학적으로 연구하듯이) 과학적으로 연구하는 방법은 없다. '역학에 관한 과학'이라는 표현에서 '~에 관한'은 그저 '역학이라는 과학, 물리과학의 한 분야로서 움직이는 물체에 관한 연구'를 줄여서 표현하는 기능을 할 뿐이다.

이처럼 학식의 형식 가운데 과학은 역사와 철학과는 크게 다르다. '~에 관한'을 정보를 준다는 (학식의 어떤 형식과 그 형식의 내용을 채우는 주제를 연관 짓는) 뜻으로 사용할 경우, 우리는 학식의 모든 형식에 관한 역사(예컨대 과학에 관한 역사, 철학이나 시에 관한 역사, 수학, 광학, 열역학에 관한 역사 등)에 대해 말할 수 있다. 더 나아가 한 분과인 역사학에 관한 역사에 대해서도 말할 수 있다.

그러한 의미에서 역사는 학식의 모든 형식에 두루 적용할 수 있을 뿐 아니라 그 자체에도 적용할 수 있는, 진정으로 초월적인 형식이다. 철학도 마찬가지다. 우리는 다른 분과에 관한 철학(역사철학, 과학철학, 시철학이나 예술철학, 법철학, 의학철학)에 대해 말할 수 있다. 또한 철학 그 자체에 관한 철학에 대해서도 말할 수 있다.

방금 사용한 '~철학'이라는 표현에는 모두 '~에 관한 이해'라는 함의가 담겨 있다. 학식의 한 형식인 철학을 하나의 분과인 철학에 적용한 '철학에 관한 철학'이라는 표현에도 그러한 함의가 담겨 있다.

역사나 철학과 달리, 과학은 초월적인 형식과는 거리가 멀다. 분명 '과학에 관한 과학'(분과로서의 과학을 연구하는 과학적 방법)은 없다. '과학에 관한 역사와 철학'과 의미가 같은 '역사에 관한 과학'은 없다. 설령 '역사에 관한 과학'에 어떤 의미를 부여한다 해도, 역사적 조사 활동에서 과학적 방법과 유사한 방법을 사용한다는 의미밖에 없을 것이다.

'과학에 관한 철학'과 의미가 같은 '철학에 관한 과학'('과학에 관한 철학적 이해'와 의미가 같은 '철학에 관한 과학적 연구')도 없다. 우리는 '철학에 관한 과학'이라는 표현에서 어떤 유의미한 해석도 이끌어 내기 어렵다.

진정으로 초월적인 형식으로서 역사와 철학(그리고 시)은 대등한 위치에 있다. 초월적인 형식이 아닌 과학은 역사나 철학과 동격이 아니다. 그렇지만 과학은 초월적인 형식은 아닐지라도 학식의 기본 형식이기는 하다. 그렇다면 과학은 초월적 형식과 비초월적 형식을 막론한 학식의 모든 기본 형식과 어떻게 어울리는가?

이 물음에 대한 답은 학식의 형식으로서의 과학과 철학이 주로 자연 현상인 특정한 주제(인간과 그 행위, 인간 정신과 그 작용 및 과정, 인간 사회와 그 제도 및 구조)를 공유한다는 사실에서 찾을 수 있다. 달리 말해, 우리에게는 자연과학과 자연철학, 과학적 인류학과 철학적 인류학, 과학적 심리학과 정신철학, 사회과학과 사회철학 또는 정치철학이 있다.

특정한 주제와 관련해 과학과 철학은 갈라진다. 물리적 현상의 영역에서 다루는 빛이나 열 같은 주제는 과학에만 속한다. 생물학적 현상의 영역에서 다루는 세포와 소화, 신경계 같은 주제도 마찬가지다. 사회적 현상의 영역에서 다루는 경제 교류와 군중 행동 같은 주제 또한 과학에만 속한다.

이 점을 이해하는 것이 아주 중요하기 때문에 또 다른 방식으로 명료하게 설명하겠다. 학식의 영역에는 빛에 관한 물리학(광학이라 불리는 과학)과 열에 관한 물리학(열역학이라 불리는 과학)이 있다. 그러므로 우리는 빛이나 열에 관한 과학에 대해 말할 수 있다. 그러나 빛이나 열에 관한 역사, 빛이나 열에 관한 철학은 없다.

요컨대 어떤 주제가 자연 현상이나 사회 현상의 특정한 영역일 경우, 소수의 예외를 빼면 특정 주제에 관한 과학은 성립할 수 있으나 그에 관한 역사나 철학은 성립할 수 없다(소수의 예외로 떠오르는 것은 지구와 인류다. 지구와 인류에 관한 과학은 물론이고 역사까지 성립할 수 있다. 철학적 인류학도 성립 가능하다). 우리가 가질 수 있는 것은 특정한 주제에 관한 과학적 연구를 핵심으로 삼는 이런저런 분과에 관한 역사나 철학이다.

철학에만 속하는 주제로는 (모든 양태의 존재와 각 양태의 속성을 다루는) 형이상학의 주제와 (신을 비롯한 정신적 존재를 다루는) 신학의 주제가 있다.

학식의 형식으로서 과학과 철학이 갈라지는 지점이 하나 더 있다. 과학은 기술적記述的 지식(존재하는 것과 일어난 것에 관한 지식)으로만 이루어진다. 예컨대 인간 행위라는 주제의 경우, 과학은 인간이 실제로 개인적·사회적으로 어떻게 행위하고 사회생활을 어떻게 해 나가는지에 관한 지식을 준다. 다양한 행동과학과 사회과학에서 기술적 지식을 찾아볼 수 있는 것과 달리, 도덕철학과 정치철학에서는 규범적 지식을 찾아볼 수 있다. 이러한 지식은 개인적·사회적 삶을 어떻게 살아가야 하는지, 혹은 어째서 다른 방식이 아닌 특정한 방식으로 행동해야 하는지를 이해하게 해 준다.

나는 학식의 네 가지 기본 형식(역사, 과학, 철학, 시)에 관해 서술하면서 수학을 언급하지 않았다. 수학은 고유한 주제(산술, 대수, 기하, 미적분, 위상수학 등)를 다루는 다양한 갈래를 포함하므로 분명 학식의 한 형식이다. 그렇지만 수학은 확실히 초월적인 형식이 아니다. 수학을 분과로 볼 경우, 수학에 관한 역사와 철학은 있지만 수학에 관한 과학은 없다. '수학에 관한 과학'은 그저 수학 자체 혹은 일군의 수리과학을 의미한다.

여기서는 '과학'이라는 낱말을 사용하는 것이 적절한데, 수학이 철학보다는 자연과학의 모든 분과와 훨씬 유사하기 때문이다. 수학은 '그것'과 '무엇'에 대한 앎, 나아가 '어떻게'에 대한 앎(수학적 기술)으로 이루어진 지식을 주지만, '이유'와 '원인'에 대한 앎으로 이루어진 지식은 주지 않는다.

다른 한편으로 순수수학의 대상이 가능성의 영역에 속하고 철학의 일부 대상도 그렇다는 점에서, 수학과 철학은 유사한 측면이 있다. 수학을 물리과학과 생명과학, 사회과학에 적용할 때, 수학의 대상 가운데 일부는 실제적인 것의 영역에 속하게 된다. 수학은 과학의 영역에는 적용할 수 있으나 역사와 철학의 영역에는 적용할 수 없으므로, 과학과 마찬가지로 학식의 기본 형식이지만 초월적인 형식은 아니다.

마지막으로 논리학은 어떨까? 우리는 이미 논리학을 자유기예의 하나(학식의 모든 형식과 관련된 기술)로 살펴보았다. 당연히 논리학에 관한 역사와 철학은 있지만 논리학에 관한 과학은 없다('논리학이라 불리는 과학'이라는 뜻으로 사용할 때를 빼면).

논리학을 기예가 아닌 과학으로 보면, 논리학은 수학과 밀접한 관계이거나 수학과 연결된다. 다른 시각에서 논리학을 과학으로 보면, 논리학은 순수논리학과 응용논리학으로 나뉜다. 순수논리학은 전통적으로 형식논리학이라 불렸고, 응용논리학은 내용논리학이라 불렸다.

형식논리학은 사고의 요소, 원리, 규칙, 법칙을 다룬다. 내용논리학은 그러한 원리와 규칙을 지식의 다양한 갈래에 응용한다. 내용논리학을 그러한 갈래의 방법론으로 여길 수도 있다.

역사, 과학, 철학(시는 제외)에 관한 논리학이나 방법론은 성립할 수 있다. 과학 영역에서는 다양한 분과마다 제각기 고유한 방법론이 있으며, 자연과학에서 사용하는 방법론과 사회과학에서 사용하는 방법론은 확연히 다르다. 철학 영역에서 자연철학과 형이상학 같은 사변적(혹은 기술적) 갈래에 관한 논리학이나 방법론은 윤리학과 정치학 같은 실천적(혹은 규범적) 갈래에 관한 논리학이나 방법론과 다르다. 존재하는 것, 가능한 것, 필연적인 것에 관한 사유는 하거나 하지 말아야 하는 것에 관한 사유와 다르다.

논리학이 수학과 연결된다고 보면, 논리학은 학식의 영역에서 수학과 같은 위치, 즉 자연과학과 사회과학에 인접한 위치를 차지한다. 인접한 과학과 마찬가지로, 논리학은 기본 형식이긴 하나 초월적 형식은 아니다.

다른 시각에서 논리학을 과학으로 보면, 순수논리학과 응용논리학의 위치가 달라진다. 이러한 논리학은 학식의 다른 모든 형식(즉 시를 뺀 모든 형식)에 적용할 수 있으므로 초월적 형식과 유사한 성격을 띠게 된다. 그러나 초월적 형식이 되지는 못하는데, 역사와 철학과는 달리 논리학 자체에는 적용할 수 없기 때문이다. 다시 말해, 논리학에 관한 논리학은 없기 때문이다.

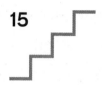

15 독자들을 위한 비망록

평생공부를 위한 길잡이를 살펴보기에 앞서, 다음에 이어질 결론에서 독자들은 앞 장에서 내놓은 철학적 통찰과 분별 가운데 무엇을 명심해야 할까? 다음 12가지 요점을 기억해야 한다.

1. **정신의 네 자산(정보, 조직된 지식, 이해, 지혜)은 가치의 오름차순으로 배열되어 있다.** 공부 안내서인 이 책이 평생에 걸친 지혜의 추구를 지향하는 까닭은 지혜가 인간 정신의 최고 자산이기 때문이다.

2. **앎은 1) 그것에 대한 앎, 2) 무엇에 대한 앎, 3) 어떻게에 대한 앎, 4) 이유와 원인에 대한 앎으로 나뉜다.** 이 가운데 처음 두 가지 앎이 역사, 경험 과학, 수학의 영역을 좌우한다. 두 번째와 네 번째 앎은 철학에 속한다. 세 번째 앎은 기예와 신중에 속하는데, 생산적 활동과 실천적 활동에 대한 앎을 뜻하는 기예와 신중은 정신의 다른 두 자산이다.

3. a) 에피스테메와 b) 파이데이아, 즉 a) 특정한 주제의 영역에서 활동하는 전문가의 전문적 지식이나 기술과 b) 모든 사람이 갖추어야 하는 종합적 학식과 지적 기술은 구별된다.

4. 자연과학과 사회과학에서 다루지 않는 모든 주제를 인문학이라 여기는 것은 잘못이다. 지식의 어떤 분과와 학식의 어떤 분야든 종합적 교양을 갖춘 인간을 지향하는 종합인의 견지에서 철학적으로 접근할 경우, 그 분과와 주제는 인문학에 들어간다.

5. 전문 대학원이 있는 법학, 의학, 신학 같은 학과를 제외한 대학의 모든 학과에서 전문적 능력을 갖추었음을 보증하는 박사 학위Ph.D. degree라는 표현에 '철학'을 포함하는 것은 '철학'이라는 어휘를 오용하는 것이다. 철학적 학문의 어떤 갈래에서는 전문적 능력을 갖춘 이에게 박사 학위를 수여하기도 하지만, 근본적인 관념과 문제에 대한 철학적 이해를 갖춘 이에게 수여하는 학위는 없다.

6. 기예(예술적 기예와 유용한 기예를 포함하는)와 과학(그리고 연구의 다른 분야)은 차이가 있다. 이 차이에는 생산적인 '어떻게'에 대한 앎과 기술적인 '그것'·'무엇'·'이유'·'원인'에 대한 앎의 차이가 포함된다.

7. a) 기술적 · 설명적 진리와 b) 규범적 · 의무적 진리 혹은 a) 어떤 사실과 그 사실의 내용과 근거와 b) 해야 하는 일과 그 일을 성취하는 방법을 구별해야 한다. 우리가 추구해야 하는 목표와 그 목표를 이루기 위해 선택해야 하는 수단에 대한 지식을 주는 것은 도덕철학과 정치철학뿐이다.

8. 기예는 예술적 기예, 즉 우리를 즐겁게 하는 아름다운 것을 창작하는 기예와 도구와 기구를 비롯해 쓸모 있는 물건을 생산하는 유용한 기예로 나뉜다. 유용한 기예에 속하는 자유기예는 우리가 언어를 효율적으로 사용하고, 무언가를 배우고, 무언가에 관해 사유하는 데 필요한 지적 기술로만 이루어진다.

9. 상상문학의 모든 형식을 포함하는 시와 근본적 관념에 비추어 모든 주제에 종합적 · 인문학적으로 접근하는 것을 의미하는 철학은 밀접한 관계다. 시와 철학은 서로 다른 방식으로 우리에게 유사한 혜택을 준다. 둘 다 세계와 우리 자신에 대한 이해 그리고 갖추지 못하면 지혜를 얻기 어려운 인간의 조건에 대한 통찰을 준다. 시는 분석과 논증이 아닌 유려한 언어와 은유, 때로는 정념을 이용해 우리를 깨우친다. 철학은 명확한 분석과 논증을 이용해 우리의 이해를 넓혀 주지만, 은유적인 언어를 삼가고 정념을 피한다.

10. **일평생 지혜를 추구하는 과정에서 시와 철학의 역할이 가장 중요하다.** 역사와 더불어 시와 철학은 인간 정신과 관련이 있는 모든 대상에 적용할 수 있는, 학식의 초월적 형식이다.

11. **부차적으로 중요한 다른 모든 분과는 기본 분과이긴 하지만 학식의 초월적 형식은 아니다.** 전문 분야인 이 분과에는 모든 경험 과학, 수리과학, 학문의 다른 갈래가 포함된다. 또한 전문 분야에 해당하는 역사적 연구와 철학적 학문도 포함된다.

12. **전문 분과에 인문학적으로 접근함으로써 그 분과를 종합적 교육에 적합한 재료로 바꿀 수 있다.** 어떤 전문 분야든 그 분야에 관한 역사와 철학을 고려함으로써 종합적 교양인에게 중요한 분야로 바꿀 수 있다.

뒤이어 '결론'에서 살펴보겠지만, 특정한 분과나 주제의 전문가가 되고 싶은 이들은 수학이나 경험 과학의 어떤 분야, 역사적 연구나 철학적 학문의 어떤 갈래에 집중해야 한다.

여기서 더 나아가 종합적 교양인이 되고 싶은 이들은 모든 분과와 주제에 대한 인문학적·종합적 접근을 중시해야 하며, 그러한 분과와 주제는 학식의 초월적 형식인 역사와 철학, 시를 통해 이해할 수 있다.

결론 스스로 공부하는 사람을 위한 파이데이아

이 결론의 제목에 쓰인 그리스어 '파이데이아'의 의미를 약간 확장해 알기 쉽게 옮기면 다음과 같다. 청년기에 학교 교육을 끝마친 이후 성년기에 스스로 공부해서 교양을 두루 함양한 인간이 되기를 열망하는 이들의 **종합적** 공부를 위한 길잡이.

여기서 무엇보다 강조해야 할 것은 앞에서 살펴본 그리스어 낱말 '파이데이아'와 뜻이 같은 라틴어 낱말 '후마니타스'가 함축하는 '종합적'이라는 표현이다. 오로지 전문가가 되려는 이들(지식의 이런저런 분야에서 전문가가 되거나, 이런저런 기술을 능숙하게 사용하려는 이들)에게는 이 책과 같은 부류의 공부 안내서가 필요하지 않다.

종합적 교양을 갖추는 데 관심이 없는 이들은 오늘날 존재하는 기본 학교 교육과 대학을 통해 원하는 것을 충분히 배울 수 있을 것이다.

오늘날의 대학은 그러한 이들에게 특히 적합하다. 대학의 학과를 알파벳순으로 나열한 안내서는 학생이 자신의 선호와 관심에 따라 전공과 부전공을 선택할 수 있도록 학과목을 소개해 준다. 오늘날에는 고등학교마저 때 이르게 전문 교육을 선택할 기회를 제공한다.

앞에서 나는 이상적으로는 모든 사람이 종합적 교양인이자 전문가가 되어야 한다고 말했다. 첫 단계인 기본 학교 교육 시기(유치원부터 고등학교까지)와 마지막 단계인 성년기에는 종합인이 되어야 하고, 중간 단계인 대학 시절에는 전문가가 되어야 한다.

방금 약술한 학습 프로그램은 '파이데이아 이상'이다. 이는 내가 의장을 맡았던 파이데이아 그룹에 속한 20여 명의 교육자를 위해 내가 쓰거나 편집한 세 권의 책에서 제시한 이상이다. 그 책들은 『파이데이아 제안』(1982), 『파이데이아의 문제와 가능성』Paideia Problems and Possibilities(1983), 『파이데이아 프로그램』The Paideia Program(1984)이다.

'파이데이아 이상'이 지금 현실에서 실현되었다면 학생들은 유치원부터 고등학교까지 종합적·교양적·인문학적 학식을 습득하기 시작했을 것이고, 그들 가운데 일부는 대학에 진학해

하나 혹은 둘 이상의 전공 분야를 선택했을 것이다.

그들은 제도 교육을 완료한 이후, 모두가 마땅히 그래야 하듯이 자신의 교육이 끝나지 않았다는 것, 성년기에도 계속 공부해야 한다는 것을 깨달았을 것이다. 인생의 말년에 이르러 종합적 교양인이 되고자 한다면, 성년기의 공부는 당연히 전문적 공부가 아닌 종합적 공부여야 한다.

이 책에서는 마지막 단계(성숙한 사람이 혼자 스스로 공부하는 단계)만을 다루겠다.

아직 젊든 나이가 들었든 이 책이 겨냥하는 독자들은 불행하게도 '파이데이아의 이상'이 실현되었다고는 결코 말할 수 없는 시대를 살아가고 있다. 이 슬픈 사실 때문에 그들은 어떤 이점을 잃었을까?

그들은 세 가지를 잃었으며, 그중 첫 번째가 가장 중요하다.

첫째, 그들은 자유기예, 즉 제도 교육과 그 이후의 공부에서 반드시 필요한 기술을 습득하지 못했다. 앞에서 열거한 그러한 기술로는 읽고 쓰고 말하고 듣는 네 가지 언어 기예, 수학과 관련된 기예, 경험 과학과 실험과학의 다양한 절차에 쓰이는 기예 그리고 더 일반적으로 어떤 주제에 관해서든 사유하는 데 필요한 기예가 있었다.

둘째, 그들은 상상문학을 비롯한 예술, 학문으로서의 수학, 자연과학, 역사학, 지리학, 사회학 연구를 청년기에 충분히 숙지하지 못했다. 이러한 분야에 대한 그들의 지식은 들쭉날쭉하고 불충분할 것이다. 그들이 시험에 통과하기 위해 외운 정보는 금세 잊힐 것이다. 이 결점을 보완할 필요는 없다. 훗날 어떤 정보가 필요하든 온갖 참고 도서를 언제든 참조할 수 있기 때문이다.

셋째, 그들은 유치원부터 고등학교까지 학년마다 토론식 수업에서 근본적인 관념과 쟁점을 논의함으로써 일찍부터 이해력을 강화할 기회를 잃었다. 설령 그들이 일찍부터 이해 수준을 높였더라도 그것은 충분한 수준이 아닐 것이다. 그들의 교육에서 대단히 중요한 이해력은 성년기에 추구할 종합적 공부의 토대를 이루는 대학에서도 계속 강화해야 한다.

이 목표를 위해 오늘날 고등교육 기관인 대학의 일반 대학원이나 전문 대학원에서 제공하는 다양한 형태의 전문적 교육을 진정한 종합적 교육으로 대체할 필요는 없다. 이해력 강화를 수반하는 공부와 교습을 추가함으로써 전문적 교육을 보완하고 개선하는 것으로 족하다. 무엇을 전공하든 고등교육을 받는 모든 학생에게 근본적인 관념과 쟁점을 논의하는 세미나에 참석하도록 요구함으로써 전문적 교육을 보완하고 개선할 수 있다.

우리의 학교와 대학은 오늘날 전문가인 **동시에** 종합적 교양인이 되어 가는 과정에 들어선 졸업생들을 배출하지 못하고 있다. 설령 그 졸업생들이 살아가면서 종합적 교양인이 된다고 해도, 그들은 혼자 공부하면서 그 목표를 스스로 성취해야 할 것이다. 그들은 스스로 노력을 기울여 효율적으로 읽고 쓰고 말하고 듣는 능력과 효율적으로 사유하는 능력을 키움으로써 제도 교육에서 거의 익히지 못한 자유기예, 즉 공부 기술을 보완해야 할 것이다.

가까운 미래에 이러한 상황을 바로잡기는 어려울 것이므로, 이제부터는 결점이 수두룩한 제도 교육을 받고서도 교양을 두루 함양하려는 이들에게 이 공부 안내서가 내놓는 방향과 길잡이를 요약하겠다.

모두가 익히려 노력해야 하는 자유기예를 제외한 나머지 기예에 관한 한, 종합적 교양을 추구하면서 예술작품을 최대한 많이 경험하고 좋은 취향을 형성해야 한다. 개개인은 이런저런 예술 분야에서 전문가가 될지도 모르지만, 그것이 종합적 교육의 필수조건은 아니다. 평생공부를 지속하는 데 특히 필요한 것은 시와 상상문학에서 얻을 수 있는 종류의 이해다.

시에서 얻는 학식과 동격인 다른 두 가지 학식은 역사책과 전기물을 읽어서 얻는 학식과 일반인을 대상으로 쓰였으며 위대한 관념과 쟁점을 다루는 철학책을 읽어서 얻는 학식이다. 대학에서 가르치는 철학적 지식의 갈래는 여기서 말하는 학식이 아니다. 그 갈래는 일반인을 염두에 두지 않으며 위대한 관념과 쟁점을 거의 다루지 않는다. 대학에서 가르치고 배우는 만큼 고도로 전문적인 분야가 되었다는 점에서, 그 갈래는 고도로 전문화되고 있는 논리학과 수학, 다양한 실증과학, 기술의 갈래와 다르지 않다.

이제까지 종합적 교양인이 되고자 하는 성인들의 공부를 이루는 학식의 초월적 형식을 전부 거론했다. 이 형식들은 모두 철학적 관점에서, 달리 말해 무엇보다 자연계와 인간 본성, 인간 사회에 대한 이해를 넓히려는 목적으로 공부해야 한다.

특정한 실증 학문이나 경험 학문은 어떨까? 이러한 분과와 그 주제는 전문적 방식보다는 종합적 방식으로 계속 혼자 공부하는 대상에 속하지만, 어디까지나 종합적 교육의 한 부분을 이루는 한에서 그렇다. 역사학과 같은 특정한 경험 학문은 전문가 자격을 획득하기 위해서가 아니라 세계를 더 깊이 이해하기 위해 철학적으로 공부해야 한다. 앞으로 살아갈 시대에는 그 누구라도 앞서 언급한 모든 분과와 주제의 전문가가 되는 것이 불가능하다.

그렇다면 혼자 공부하는 이들은 무엇을 해야 하는가? 학교 교육을 모두 끝마친 뒤에도 계속 공부하려는 이들은 어떻게 해야 하는가?

이 물음에 대한 답변은 어떻게 보면 아주 간단하다. 그렇지만 달리 생각하면 지혜를 추구하는 평생공부를 가득 채울 만큼 풍성하고 실질적인 답변이기도 하다.

그 간단한 답변이란 이것이다. 읽고 토론하라! 결코 읽는 데서 그치지 마라. 읽기만 하고 같은 책을 읽은 다른 이들과 토론하지 않으면, 읽더라도 이해의 수준이 훨씬 떨어진다. 토론하지 않고 읽기만 해서는 책을 완전히 이해할 수 없는 것과 마찬가지로, 훌륭하고 위대한 책들이 제공하는 알맹이 없이 토론만 해서는 잡담으로 빠지거나 기껏해야 각자의 의견과 선입견을 교환하는 데 그치고 만다.

나는 읽고 토론하라는 명령을 따르는 모든 사람에게 도움이 될 책을 두 권 썼다.『독서의 기술』의 원래 부제는 '교양교육을 받는 방법'이다. 이 책 제18장의 제목은 '독서와 정신의 성장'이다.

『토론식 강의 기술』에서 나는 진지한 토론을 유익하고 즐겁게 만들어 줄 규칙을 내놓은 뒤, 마지막 장에서 이해와 지혜를 추구하는 인간의 정신이 성장하는 데 대화가 얼마나 중요한지를 논했다.

읽고 토론하라는 간단한 답변 이면에는 **무엇을 읽고 토론해야 하는가?**라는 물음에 대한 더 풍성한 답변이 있다. 나는 부록 3 「혼자 공부하는 이들에게 도움이 될 책들」에서 그 답변을 내놓으려 했다.

거기서 나는 시와 역사, 철학에 관한 비교적 적은 수의 책들, 위대한 관념과 쟁점에 관한 토론의 소재를 제공하는 책들을 추천했다.

나는 더 나아가려는 이들, 특히 현대의 중요한 저작을 읽어서 서구 사상 전통에 속하는 위대한 책들을 보완하려는 이들을 위해 과거의 위대한 저작뿐 아니라 현대의 저작에 관해서도 논평하는 책을 두 권 추천했다. 또한 내가 철학 교수가 아니라 일반 독자를 대상으로 쓴, 관념에 관한 철학책도 언급했다.

앞에서 말한 처방을 따른다면, 우리는 궁극적으로 어떤 결과를 그려 볼 수 있을까? 종합적 교양인은 과연 어떤 사람일까?

그들은 자연과 인간의 세계를 이해하는 데 필요한 지식을 주는 학문과 역사를 충분히 숙지하고 있을 것이다. 그 지식을 **그 냥** 지식으로 두지 않고 **이해한** 지식으로 바꾸려면, 시와 철학의 안내를 받아야 할 것이다. 그러한 지식을 습득하고 이해한다면 궁극적으로 실천적·이론적 지혜를 조금이나마 얻을 수 있을 것이다.

이러한 그림에서는 분명 철학과 시가 가장 중요하다. 한 가지 이유는 철학과 시가 우리에게 내놓고 또 우리가 답하도록 돕는 문제들이 다른 모든 분과가 제기하고 답하는 문제들보다 우리의 삶에 더 중요하기 때문이다. 이 점은 특히 도덕철학과 정치철학의 영역(개개인의 삶과 인간 사회를 위해, 그리고 사회 제도의 개선을 위해 어떤 목표를 추구해야 하고 그 목표를 달성하기 위해 무엇을 해야 하는가에 관한 문제들)에서 그렇다.

철학이 중요한 다른 이유는 종교와 관련해 철학이 수행하는 역할 때문이기도 하다. 다양한 종교의 역사와 그 종교들에 대한 비교 연구는 우리 가운데 종교적 측면이 없거나 종교공동체에 참여하지 않으면 삶이 불완전하다고 느끼는 이들을 만족시키지 못한다.

그들에게는 종교에 대한 철학적 이해가 필요하다. 중세에 철학이 신학의 시녀였다면, 20세기에는 철학 일반과 특수한 철학적 신학이 인간의 경험과 이성에 토대를 둔 자연적 지식의 영역과 계시된 진리를 믿는 초자연적 지식의 영역을 가르는 경계선까지 우리를 데려간다고 나는 생각한다. 신앙으로 그 경계선을 뛰어넘을 수야 있지만, 공부 과정에서 그 경계선에 도달하지 못한다면 그러한 도약은 불가능하거나 맹목적일 것이다. 그 경계선까지 갈 수 있게 해 주는 것은 역사나 과학이 아니라 철학이다.

르네상스인, 즉 종합적 교양인이라는 상을 추구하는 사람들은 어떤 검사나 척도를 이용해, 당연히 완벽하게는 아니겠지만 대략 어느 정도라도 목표를 성취했다고 확신할 수 있을까?

이 물음에 답하는 방법은 의심할 바 없이 많다. 나는 그중 한 가지를 내놓겠다. 종합적 교양인을 나타내는 표식은 인간 학식의 전 영역에서 편안함을 느끼는 것이라고 나는 생각한다.

달리 말하면, 종합적 교양인은 프로피디아의 '지식의 골자 개요'(부록 1 참조)를 검토했을 때, 거기서 전혀 이해할 수 없는 것이 하나도 없어야 한다. 또한 그들은 신토피콘의 위대한 관념의 목록과 그 관념들의 부분집합에 대한 서술(146~157쪽 참조)을 검토할 수 있어야 하고, 그 관념들 전체에 관해 능숙하게 지적인 질문을 하고 그 관념들이 제기하는 쟁점을 토론할 수 있어야 한다.

종합적 교양을 추구하는 방법

모티머 애들러가 서두에서 일찌감치 경고하는 것처럼, 독자들은 전체 분량의 3분의 2를 차지하는 제1부와 제2부를 읽는 동안 '평생공부 가이드'라는 제목과 사뭇 다른 내용에 적잖이 당황할지도 모르겠다. 특히 구체적인 공부 지침을 기대한 독자라면 어째서 공부법을 알려 주지 않고 과거와 현재의 지식 체계들을 검토하는지 의아해할 공산이 크다. 그 이유를 이해하려면 저자의 이력을 살펴볼 필요가 있다.

1768~1771년에 스코틀랜드 에든버러에서 총 세 권으로 처음 출간된 『브리태니커 백과사전』은 아직까지도 백과사전의 대명사로 남아 있다. 17세기 서양에서 알파벳순 백과사전이 처음 등장한 이래 여러 나라에서 여러 언어로 갖가지 백과사전들이 출간되었으나 『브리태니커』에 견줄 만큼 전통과 명성을 쌓아 온 백과사전은 없다고 해도 과언이 아니다. 그러나 오늘날 전 세계에서 가장 많이 참조되는 백과사전은 『브리태니커 백과

사전』이 아니라 2001년에 서비스를 시작해 280개가 넘는 언어로 정보를 제공하는 온라인 백과사전 위키피디아일 것이다. 이런 온라인 데이터베이스의 영향 때문인지 2012년 3월에『브리태니커 백과사전』은 인쇄판 출간을 중단하고 온라인에 집중하겠다고 발표했다. 결국『브리태니커 백과사전』의 마지막 인쇄판은 제15판으로 남게 되었다. 모티머 애들러는 바로 이 제15판을 준비하는 과정에 편집위원으로 참여하고 1974년에 편집위원장까지 맡은 인물이다.

제15판을 계획하는 와중에 애들러는 다른 편집위원들과 더불어 백과사전을 어떻게 구성할 것인가라는 과제에 직면했다. 『브리태니커 백과사전』을 포함해 절대다수 백과사전들은 참고도서로서 기능하기 위해 전통적으로 항목들을 알파벳순으로 배열하는 방법을 채택해 왔다. 그러나 애들러는 이 배열법이야말로 현대의 병폐라고 생각했다. 백과사전이 인류가 축적한 지식의 전 영역을 포괄하려는 시도라면 지식의 부분들을 조직하는 체계적이고 원리적인 방법을 제시해야 하지만, 알파벳순 배열법은 지식의 부분들이 서로 어떤 관계를 맺고 어떻게 체계를 이루는지 전혀 알려 주지 않거니와 그런 문제 자체를 회피하기 때문이다. 애들러는 알파벳순 배열법을 극복하기 위해『브리태

니커 백과사전』 제15판 1985년 개정판에서 항목들을 '매크로
피디아'와 '마이크로피디아'로 나누었고, '매크로피디아'의 목
차 역할을 하는 '프로피디아'를 함께 발행함으로써 알파벳순이
아닌 '주제별' 배열법을 도입했다. 앞서 말했듯이 이 체계는 아
직까지『브리태니커 백과사전』의 체계로 남아 있다.

애들러의 이런 문제의식은 이 책의 제2부에서 고대부터 19
세기까지의 지식 체계들을 검토하는 이유와 밀접한 관련이 있
다. 평생공부를 목표로 삼을 때 관건이 되는 물음은 '무엇을 공
부할 것인가?'와 '어떻게 공부할 것인가?'인데, 애들러가 보기
에 현대에는 이 물음에 답을 주는 체계가 없는 반면에 과거에
는 당대에 적합한 체계들이 이 물음에 답을 해 주었기 때문이
다. 물론 그 체계들을 현대에 그대로 적용할 수 있는 것은 아니
지만, 애들러는 그 체계들에서 오늘날 평생공부의 길잡이가 될
통찰과 분별을 이끌어 내고, 그 체계들을 수정하고 확장해 오
늘날에 적합한 체계를 내놓는다.

그 통찰과 분별, 체계를 살펴보기에 앞서 애들러가 말하는
'평생공부'의 의미를 짚어 볼 필요가 있다. 특정 영역의 전문가
가 되는 것이 목표라면 평생토록 공부할 필요가 없으며 오늘날
의 대학에서 전문가 교육을 충분히 받을 수 있다. 그러나 지식

의 전 영역에서 교양을 두루 갖추는 것이 목표라면, 다시 말해 종합적 교양인이 되는 것이 목표라면, 그리고 노년에 이르러 인간 정신의 최고 자산인 '지혜'를 조금이나마 성취하려면, 평생공부가 필요하다. 즉 평생공부는 종합적 교양과 지혜를 지향하는 공부다.

이제 애들러가 앞에서 말한 두 물음에 어떻게 답하는지 보자. 먼저 '무엇을 공부해야 하는가?' 종합적 교양인은 지식의 전 영역에서 학식을 두루 갖추고자 하므로 이 물음은 '우리 시대의 지식에는 어떤 영역들이 있는가?'라는 물음으로 바꿀 수 있다. 이에 대한 애들러의 답변은 이 책에 부록 1 「프로피디아의 '지식의 골자 개요'」로 수록되어 있다. 그런데 이 부록은 우리가 보통 생각하는 지식 영역과 별반 다르지 않다. 다시 말해 자연과학, 사회과학, 예술, 기술, 종교, 역사 등으로 이루어져 있다. 그러므로 애들러가 이 책에서 고유하게 제공한다고 단언하는, 평생공부라는 오랜 여정에 필요한 지도는 다른 물음인 '어떻게 공부해야 하는가?'에 대한 답변에 달려 있다.

애들러는 이 물음에 답하기 위해 제2부에서 살펴보는 여러 철학자에게서 현대에 적합한 통찰을 이끌어 내며, 그중에서도 특히 아리스토텔레스에 의존한다. 아리스토텔레스는 '파이데이아', 즉 모든 사람이 갖추어야 하는 종합적 학식과 '에피스테메', 즉 특정한 지식 영역의 전문가가 갖추는 전문적 학식을 구별했다. 이 구별을 애들러의 논의에 적용하면, 현대의 병폐는 파이데이아 함양을 이끌어야 할 인문학이 다른 학문들과 마찬가지로 에피스테메로 간주된다는 것이다. 애들러는 에스파냐 철학자 호세 오르테가 이 가세트의 말을 빌려 이런 현실을 '전문화라는 야만'이라 진단하며, 이 야만을 다스릴 치료제이자 우리의 평생공부를 안내할 길잡이로서 인문학을 내세운다.

오늘날 인문학은 흔히 자연과학과 사회과학의 분과들을 뺀 나머지, 즉 철학, 역사 연구, 종교 연구, 예술 연구, 문헌학, 외국어 연구 등을 가리키는 총칭으로 오용되고 있지만, 애들러에 따르면 인문학은 일군의 특정한 주제들을 나타내는 것이 아니다. 고대와 중세로부터 전해진 인문학의 본래 의미는 어떤 '주제'가 아니라 지식의 모든 부문에 대한 '종합적 접근법'이다. 내용이 아닌 방법이 인문학의 요체인 것이다. 따라서 철학적 주제라도 전문적 방식으로 탐구할 경우 인문학에 속하지 않으며, 자연과학적 주제라도 종합적 방식으로 탐구할 경우 인문학에 속한다.

'종합적 접근법'이 인문학만의 자산일까? 자연과학이나 사회과학을 통해 지식의 모든 갈래를 종합적으로 탐구하는 것은 불가능할까? 애들러에 따르면 그렇다. 애들러는 그 이유를 '초월적 형식'이라는 말로 설명한다. 초월적 형식이란 학식의 형식들 가운데 다른 모든 형식뿐 아니라 그 자체에도 적용할 수 있는 형식을 뜻한다. 예를 들어 철학, 역사학, 물리학, 화학, 생물학, 심리학, 경제학 같은 학식의 형식들 중에서 다른 형식들을 탐구의 주제로 삼는 동시에 그 자체의 형식을 탐구의 주제로 삼을 수 있는 것은 인문학에 속하는 철학과 역사뿐이다. 물리학, 생물학, 심리학, 경제학을 철학적·역사적으로 탐구하는 것과 철학과 역사학 자체를 철학적·역사적으로 탐구하는 것은 가능하지만, 철학이나 역사학을 물리학적으로 탐구하는 것과 물리학 자체를 물리학적으로 탐구하는 것(달리 말하면, 분과로서의 물리학 자체를 물리학적 탐구의 주제로 삼는 것)은 불가능하기 때문이다. 그러므로 지식의 갈래들을 두루 탐구하고자 할 때 '종합적 접근법'으로 기능할 수 있는 것은 인문학뿐이다.

인문학 중에서도 아리스토텔레스가 '프로네시스'라고 말한 '실천적 지혜'를 주는 것은 철학뿐이다. 인간 앎의 근본적인 두 범주는 이론(기술적·설명적 지식)과 실천(규범적·의무적 지식)인데, 근대에 발달한 경험적·실증적 학문들이 철학의 영역이던 이론을 상당 부분 넘겨받았지만 실천만은 철학의 고유한 영역으로 남아 있기 때문이다. 다시 말해 우리 자신과 우리가 속한 사회가 나아갈 방향과 목표를 제시하고, 그 목표를 성취하기 위한 수단과 지혜로운 행동을 알려 주는 것은 철학에 속하는 도덕철학과 정치철학뿐이다. 다른 학문들은 철학과 더불어 정보와 지식, 이해, 약간의 지혜는 주지만, 가치판단을 회피하는 까닭에 '무엇을 해야만 하는가?'라는 물음에는 답하지 못한다.

지금까지 애들러의 문제의식과 그가 평생공부를 위한 지도로 내놓은 종합적 접근법으로서의 인문학에 관한 견해를 요약했다. 이제 남은 일은 1986년에 출간된 이 책의 문제의식과 대안이 오늘날 우리에게 유효한지 따져 보는 것이겠다. 애들러는 인문학을 전문적 학식으로 간주할 정도로 만연한 전문화를 현대의 병폐라고 진단했다. 지금은 어떤가? 인문학의 입지를 놓고 보면 상황은 더욱 악화된 듯하다. 인문학은 대학에서 고유한 영역을 갈수록 상실하고 있고, 인문학부에 속한 학과들은 점차 축소·폐지되거나 타과와 통합되고 있다. 물론 애들러의 말대로 인문학의 요체가 내용이 아닌 방법이라면, 전문적 분과로 파편화되고 있는 대학에 인문학이 남아 있지 않아도 된다는 주장이

가능할 것이다. 그러나 더욱 큰 문제는 인문학이 경험적·실증적 지식을 내놓지 못할 뿐 아니라 유용한 결과물을 만들어 내지도 못한다는 이유로 인문학의 쓸모 자체가 점점 부정되고 있다는 것이다. 이런 현실을 감안할 때, 나는 이 책이 오늘날에도 유효하다고 생각한다. 고대와 중세, 근대를 거치면서 인문학이 오늘날에도 필요한 유산을 축적하고 간직해 왔음을 보여 주거니와, 그 유산을 바탕으로 종합적 교양을 추구하는 방법까지 제시하기 때문이다. 저자의 서술이 다소 압축적이긴 하지만 꼼꼼히만 읽는다면, 독자들은 이 책에서 인문학이라는 지도를 바탕으로 종합적 교양인이라는 목표를 향해 나아가는, 전통적이면서도 오늘날에도 유효한 지침을 얻을 수 있을 것이다.

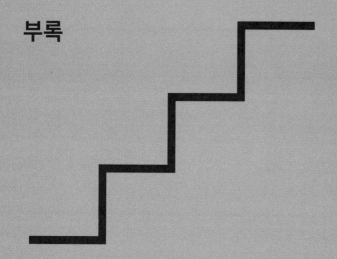

부록

프로피디아의
'지식의 골자 개요'

※이 개요는 프로피디아의 전체 10부, 42개 장, 186개 단락만을 수록한 것이다. 이 186개 단락은 다시 수천 개의 소단락으로 나뉘며, 그 소단락들은 각 단락에서 다루는 주제에 대한 분석을 보여 준다. 완전한 '지식의 골자'(전체 10부, 42개 장, 186개 단락, 수천 개의 소단락)는 프로피디아에서 760쪽을 차지한다.

제1부   물질과 에너지

제1장 원자: 원자핵과 원소
　　　111. 원자의 구조와 성질
　　　112. 원자핵과 원소

제2장 에너지, 복사, 물질의 상태와 변형
　　　121. 화학 원소: 원소의 주기적 성질 변화
　　　122. 화합물: 분자의 구조와 화학결합
　　　123. 화학반응

제3부 지구의 생명

제4부　인간의 생명

제5부 인간 사회

제6부 예술

제10부 지식의 갈래

제1장 논리학

제2장 수학

제3장 과학

전문화라는 야만
─오르테가 이 가세트

익히 아는 것이라곤 과학의 한 분야가 고작인 데다 그 분야에서마저 활발하게 연구하는 것이라곤 작은 귀퉁이뿐인 (과학자는) …… 자신이 각별히 몰두하는 좁은 영역 외부를 전혀 인지하지 못하는 것을 되레 미덕이라고 선언하고, 종합적 지식 체계를 알고 싶어 하는 모든 호기심을 '딜레탕티슴'이라고 명명한다.

누구든지 마음만 먹으면 오늘날 정치, 예술, 종교, 인생의 일반적 문제들과 세계에 대해 '과학자' 그리고 당연히 그들 말고도 의사, 기술자, 금융업자, 교사 등이 보여 주는 어리석은 생각과 판단, 행동을 목격할 수 있다.

중세의 대학과 비교해 오늘날의 대학은 한낱 전문적 교육에 불과한 씨앗을 거대한 활동으로 키웠을 뿐이다. 현대의 대학은 연구 기능을 추가했으나 문화를 가르치거나 전달하는 역할은 거의 전부 포기했다.

(그 시민은) 새로운 야만인이다. …… 무엇보다 이 새로운 야만인은 과거 어느 때보다 박식하지만 동시에 더 미개한 전문가(기술자, 의사, 변호사, 과학자)다.

'일반적 문화.' 터무니없고 속물적인 이 표현은 그 가식성을 드러낸다. 가축이나 농작물이 아닌 인간의 정신과 관련이 있는 '문화'는 일반적일 수밖에 없다. 물리학이나 수학에서 '문화인'이 될 수는 없다. 그것은 특정한 주제에 **박식하다**는 뜻일 뿐이다. '일반적 문화'라는 표현은 학생에게 어떤 장식용 지식을 가르쳐야 한다는 생각, 어떤 식으로든 학생의 도덕적 품성이나 지적 능력을 키워야 한다는 생각을 바탕에 깔고 있다. 그처럼 막연한 목표 때문에 어느 분과나 다른 분과와 다를 것이 없어지며, 이 점은 경계가 다소 불분명하고 아주 전문적이지는 않은 분과(철학이나 역사학, 사회학 같은!)도 마찬가지다.

문명은 20세기 초에 이르러 하나만 잘 알고 다른 모든 것에는 근본적으로 무지한 인간이 얼마나 잔혹하고 얼마나 어리석고 그러면서도 얼마나 공격적인지를 드러내는 경악스러운 광경을 목도했다. 균형 잡히지 않은 전문가주의와 전공 때문에 유럽인은 산산조각이 났다. 그 결과 유럽인은 한때 자신이 가지고 있었으며 지금 절실히 필요로 하는 중요한 것을 몽땅 잃고 있다.

계몽과 문화를 한가한 삶을 위한 장신구처럼 보이게 하는 모든 막연한 생각을 영원히 던져 버리자. 이보다 더 그릇된 표상은 있을 수 없다. 손이 신체의 한 부분인 것만큼이나 문화는 삶에 불가결한 요소이자 우리 존재의 한 차원이다. …… 그러한 사람은 더 이상 그냥 사람이 아니라 장애인이다. 이 점은 훨씬 더 근본적인 의미에서 문화 없는 삶도 마찬가지다. 그것은 불구인 데다가 만신창이인 거짓된 삶이다. 당대의 높은 곳에서 살아가지 못하는 사람은 자신에게 걸맞은 삶보다 낮은 곳에서 살아가는 사람이다. 달리 말해 그는 스스로를 속여 삶을 망치고 있는 것이다.

**혼자 공부하는 이들에게
도움이 될 책들**

나는 추천서를 세 집합으로 나누었다. 첫째, A 집합은 상상문학, 역사와 전기, 철학과 관련이 있다. 둘째, B 집합에서는 내가 자유기예에 관해 쓴 책을 세 권 거론한다. 셋째, C 집합에서는 내가 위대한 관념에 관해 쓴 책을 몇 권 추천한다.

A

『서양의 위대한 책들』The Great Books of the Western World(54권)

한 질을 이루는 이 책들의 저자 74명 가운데 나는 비교적 짧은 다음 목록을 시작 단계로 추천한다.

호메로스:『일리아스』,『오디세이아』

소포클레스:『안티고네』,『오이디푸스 왕』

투키디데스:『펠로폰네소스 전쟁사』

플라톤:『소크라테스의 변론』,『국가』

아리스토텔레스:『니코마코스 윤리학』,『정치학』

타키투스: 『역사』

플루타르코스: 『영웅전』

아우구스티누스: 『고백록』

단테: 『신곡』

세르반테스: 『돈키호테』

몽테뉴: 『수상록』

마키아벨리: 『군주론』

파스칼: 『팡세』

셰익스피어: 『햄릿』, 『맥베스』, 『오셀로』, 『리어 왕』

애덤 스미스: 『국부론』

에드워드 기번: 『로마제국 쇠망사』

조너선 스위프트: 『걸리버 여행기』

존 스튜어트 밀: 『대의정부론』

톨스토이: 『전쟁과 평화』

멜빌: 『모비 딕』

윌리엄 제임스: 『심리학의 원리』

이 목록을 보완하기 위해 최근에 쓰인 탁월한 책들을 포함해 훨씬 폭넓은 추천 도서 목록을 내놓는 책을 두 권 더 추천한다.

클리프턴 패디먼: 『평생 독서 계획』

찰스 밴 도런: 『독서의 즐거움』The Joy of Reading

B

『독서의 기술』

『토론식 강의 기술』

『파이데이아 프로그램』The Paideia Program

C

『여섯 가지 위대한 관념』Six Great Ideas

『미래 전망: 더 나은 삶과 더 나은 사회를 위한 열두 가지 관념』

A Vision of the Future: Twelve Ideas for a Better life and a Better Society

『신에 관해 생각하는 방법』How to Think About God

『열 가지 철학적 실수』Ten Philosophical Mistakes

　　『서양의 위대한 책들』에 포함된 신토피콘을 위해 내가 쓴, 위대한 관념에 관한 102편의 에세이도 추천한다.

평생공부 가이드 :
브리태니커 편집장이 완성한 교양인의 평생학습 지도

2014년 3월 24일 초판 1쇄 발행

지은이	**옮긴이**
모티머 애들러	이재만

펴낸이	**펴낸곳**	**등록**
조성웅	도서출판 유유	제406-2010-000032호(2010년 4월 2일)

주소
경기도 파주시 책향기로 337, 301-704 (우편번호 10884)

전화	**팩스**	**홈페이지**	**전자우편**
070-8701-4800	0303-3444-4645	uupress.co.kr	uupress@gmail.com

페이스북	**트위터**	**인스타그램**
www.facebook .com/uupress	www.twitter .com/uu_press	www.instagram .com/uupress

편집	**디자인**
이경민	이기준

제작	**인쇄**	**제책**	**물류**
제이오	(주)민언프린텍	(주)정문바인텍	책과일터

ISBN 979-11-85152-07-3 03370

이 도서의 국립중앙도서관 출판시도서목록(CIP)은 e-CIP 홈페이지
(www.nl.go.kr/ecip)와 국가자료공동목록시스템(www.nl.go.kr/kolisnet)에서
이용하실 수 있습니다.(CIP제어번호: CIP2014006096)

북펀드에 참여한 독자(가나다 순)

강동구 강석여 김기남 김주현 김현승 김현승 김환 김희곤 나준영 민준기 박나윤 박무자 박선유
박혜미 성수영 신정훈 심만석 윤정훈 이기용 이윤구 임상훈 장경훈 정담이 정대영 정미영 정민수
정솔이 정율이 정해승 최경호 한성구